D1665467

Lebens- und Glaubenswelten

Karl Besemer
Heidrun Besemer-Grütter

Gute Nachricht
für schlechte Zeiten

Shaker Verlag
Aachen 2003

Die Deutsche Bibliothek - CIP-Einheitsaufnahme

Besemer, Karl; Besemer-Grütter, Heidrun:
Gute Nachricht für schlechte Zeiten / Karl Besemer, Heidrun Besemer-Grütter.
Aachen : Shaker, 2003
   (Lebens-, Glaubenswelten)
   ISBN 3-8322-1840-8

Umschlag: Gunter Böhmer (1911-1986), *Bildnis der Thamar.*
Abdruck mit freundlicher Genehmigung des Gunter Böhmer
Archivs der Stadt Calw

ISBN 3-8322-1840-8
ISSN 1435-6465

Shaker Verlag GmbH • Postfach 101818 • 52018 Aachen
Telefon: 02407 / 95 96 - 0 • Telefax: 02407 / 95 96 - 9
Internet: www.shaker.de • eMail: info@shaker.de

INHALTSVERZEICHNIS

Vorwort
Seite 4

III.
FÜR GLÄUBIGE UND UNGLÄUBIGE
(Lesepredigten von Heidrun und Karl Besemer)

Vorwort

Verehrte Leserinnen und Leser!

Sollten Sie der vielen Hiobsbotschaften, die täglich auf uns einstürmen, überdrüssig sein, ja, sollten Sie gelegentlich an depressiven Weltuntergangsstimmungen leiden, dann blättern Sie doch bitte einmal in den Themen dieses Buches. Es möchte Ihnen Hoffnung für die Zukunft machen, selbst dann, wenn die Welt morgen unterginge.

Beim Lesen der einzelnen Vorträge und Predigten werden Sie schnell merken, dass Sie nicht von oben herab angepredigt werden. Vielmehr wollen wir Ihnen helfen, das oft so missglückte Leben und die heillose Weltgeschichte mit den Augen Gottes anzuschauen. Am Ende wird ER alles wunderbar fügen, auch wenn wir zuweilen vor unlösbaren Rätseln stehen.

Mit der folgenden Erzählung möchten wir Sie in das Thema des Buches einstimmen:

Gott fügt alles wunderbar

Ein König hatte einen Minister, der bei jeder passenden und unpassenden Gelegenheit sagte: Gott fügt alles wunderbar.

Gott fügt alles wunderbar

Nach einiger Zeit wurde der König des frommen Satzes überdrüssig, so dass er ihn nicht mehr hören konnte. Als der König eines Tages auf der Jagd einen Hirsch erlegte und ihn hungrig zu verspeisen begann, schnitt er sich dabei den kleinen Finger ab. Der Minister kommentierte den Vorfall, indem er wiederum sagte:

Gott fügt alles wunderbar

Dem König stieg die Zornesröte ins Gesicht. Wütend entließ er den Minister aus seinen Diensten mit den Worten: „Scheren Sie sich zum Teufel, Herr

Minister, ich möchte Sie nie mehr wiedersehen!" Während der Minister seinen Hut nahm und der vom Hirschbraten gesättigte König einschlief, wurde er von wilden Räubern, Verehrer der Göttin Kali, überfallen. Diese fesselten ihn, um ihn ihrer Göttin zum Opfer darzubringen. Im letzten Moment bemerkte jedoch einer der Räuber, dass dem König ein Finger fehlte. Sie beratschlagen sich untereinander und fanden, dass der König, wegen seines fehlenden Fingers, kein vollkommener Mensch und deshalb unwürdig sei, der Göttin geopfert zu werden. Daraufhin banden sie ihn los und ließen ihn laufen. Als dies geschah, erinnerte sich der König an die Worte seines Ministers:

Gott fügt alles wunderbar

Der König erteilte seinen Untertanen den Befehl, den Minister zu suchen und ihn alsbald zu ihm zu bringen. Nach längerer Zeit konnte er gefunden und vor den König gebracht werden. In aller Form entschuldigte sich dieser bei seinem Minister und bat ihn, wieder in seine Dienste zu treten; worauf ihm der Minister erwiderte: „Majestät, Ihr braucht Euch bei mir nicht zu entschuldigen. Würdet Ihr mich nicht entlassen haben, dann hätten die Räuber mich an Ihrer Stelle geopfert, denn mir fehlt kein Finger. Ihr seht also:

„Gott fügt alles wunderbar."

***

Ostfildern/Lindau, im Juli 2003

Heidrun Besemer-Grütter

Karl Besemer

I. Teil

CHRIST SEIN
IN DER POSTMODERNE[1]
Wie macht man das?

[1] Die nachfolgenden Vorträge wurden an einigen Stellen ergänzt und überarbeitet.

1.

AUF DEM WEG VON DER MODERNE
IN DIE POSTMODERNE[2]

(Karl Besemer)

Es waren weithin fromme Männer und Frauen,
die der Aufklärung den Weg bereitet haben.
Wahrscheinlich ahnten sie nlcht, welch erdrutschartige
Erschütterungen sie mit ihren Philosophien und
Forschungsergebnissen im 'Christlichen Abendland'
auslösen. Die inzwischen allseits erkennbaren
Traditionsbrüche, der fortschreitende Werteverfall
und die um sich greifende Orientierungslosigkeit
sind alarmierende Zeichen dafür, wie dringend notwendig
es ist, den christlichen Glauben und die Ethik
für unsere Zeit neu zu definieren, um den Menschen
neue Zukunftsperspektiven und ein neues
Verantwortungsbewusstsein
zu eröffnen.

***

I.

Einführung in das Thema

Das Rad der Geschichte bewegt sich vorwärts, niemals rückwärts. Ob wir heilvollen oder heillosen Zeiten entgegengehen, vermag derzeit niemand zu sagen. Ob wir wollen oder nicht: Wir müssen den Blick in die Zukunft richten. Wir müssen aus den Fehlern der

---

[2].Vortrag beim „Deutschen Frauenbund" und „Ev. Akademikerkreis" in Ludwigsburg

Vergangenheit lernen. Wir müssen die Weichen für die Zukunft neu stellen.

Die Herausforderungen sind fundamentaler Art. Grundlegende Reformen sind unerlässlich. Restaurative Maßnahmen lösen die Probleme nicht.

1. Sigmund Freund, der Psychoanalytiker, sah als Grund für die Herausforderungen der gegenwärtigen Zeit drei „Kränkungen" der Menschen, die er in folgenden Ereignissen erblickte:

1.1 Kopernikus habe den Menschen aus dem Zentrum der Welt an die Peripherie des Weltalls verwiesen und ihm damit deutlich gemacht, dass er nicht der Mittelpunkt der Weltgeschichte, sondern nur ein kleiner „Eckensteher" sei.

1.2 Darwin habe den Menschen zu einem Vetter der Tiere gemacht, über die er sich so erhaben deuchte. Mit der Evolutionstheorie sei der Beweis erbracht worden, dass der Mensch seine Geschöpflichkeit nicht unmittelbar aus Gottes Hand empfing, sondern er sie einem langwierigen Entwicklungsprozess verdanke.

1.3 Die Psychoanalyse schließlich betrachte die Rede von der Freiheit des Menschen als einen Irrtum, nachdem sie bewiesen habe, dass der Mensch keineswegs Herr im eigenen Hause sei.

Sein Denken und Handeln werde weniger von der Vernunft gesteuert als vielmehr von obskuren Mächten, die wie Ungeheuer im Keller seines Unterbewussten hausen.

2. Von dem witzigen und einfallsreichen englischen Dramatiker George Bernard Shaw stammt das Wort: „Der einzige Mensch, der sich vernünftig verhält, ist mein Schneider. Er nimmt jedesmal neu Maß, wenn ich zu ihm komme. Alle anderen Leute bleiben unverrückt bei den alten Maßen." Mit der sich ständig verändernden Geschichte muss also in angemessener Weise umgegangen werden. Dabei stellt sich unausweichlich die Frage, woran der gegenwärtige Fortschritt gemessen werden muss. Wäre der Maßstab dafür allein das Konkurrenz-, Konsum-, und Profitdenken, würde es fatale Folgen für Mensch und Natur haben. Theologisch betrachtet lautet die Antwort: Nicht der Mensch ist das Maß aller Dinge, sondern Gott allein, der mit seinem Gebot, dafür Sorge trägt, dass im Wandel der Zeit Humanität und Würde des Menschen erhalten bleiben.

3. Friedrich Dürrenmatt schrieb in seinem Theaterstück "Die Physiker": „Wir sind in unserer Wissenschaft an die Grenzen des Erkennbaren gestoßen. Wir haben das Ende unseres Weges erreicht. Unsere Wissenschaft ist schrecklich geworden, unsere Forschung gefährlich, unsere Erkenntnis tödlich."

II.

Irrungen und Wirrungen im Zeitalter der Moderne

1.

Das Zeitalter der Moderne begann mit der Aufklärung

Auch wenn sie von ihrer Kirche gemaßregelt, diszipliniert oder als Ketzer bei lebendigem Leibe verbrannt wurden, so waren die Wegbereiter der Moderne doch fromme und gottesfürchtige Menschen. Nikolaus Kopernikus, der wie Kepler zu beweisen suchte, dass nicht die Erde der Mittelpunkt des Universums sei, widmete sein Werk „Über die Umdrehung der Himmelskörper" dem Papst, um ihm Einblicke zu geben in die schöpferische Herrlichkeit Gottes. - Giordano Bruno, der mit fünfzehn Jahren dem Dominikanerorden beitrat, lieferte den Beweis, dass nicht die Erde um die Sonne kreise, sondern das ganze Universum einem riesigen Karussell gleiche, das weder einen Mittelpunkt noch einen Anfang, weder ein Oben noch ein Unten, noch ein Ende habe. Er wurde am 17. Februar 1600 in Rom auf einem Scheiterhaufen wegen seiner angeblich „ketzerischen" Aussagen verbrannt.- Sein Zeitgenosse Galileo Galilei, der mit seinen astronomischen Entdekkungen vollends das kirchliche Weltbild aus den Angeln hob, wurde von der römischen Inquisition unter Androhung der Folter im Jahre 1633 genötigt, seine wissenschaftlichen Erkenntnisse gegen seine Überzeugung zu widerrufen. Hätte er es nicht getan, wäre ihm der kirchliche Prozess gemacht worden.

Der eigentliche Pionier und geistige Vater des modernen Denkens war Rene Descartes, der 1596 in Frankreich geboren wurde. Er stellte die Weichen für die moderne Naturwissenschaft. Betrachtete die antike Philosophie und die mittelalterliche Theologie die Natur als ein Spiegelbild göttlicher Ideen, an denen man Gottes Kraft und Weisheit ablesen könne, brachte der ebenfalls fromme und gottesfürchtige Descartes eine völlig neue Fragestellung ins Spiel. Ihm lag nicht daran, Gott auf natürliche Weise zu beweisen, vielmehr bewegte ihn die Frage, „wie" die Natur beschaffen sei, was sie im Innersten zusammenhält, und wie die Naturgesetze zum Wohl der Menschheit angewendet werden können.

Unerbittlich hinterfragte er alles, was traditionellerweise unangefochten zu sein schien. Manches, was behauptet wird, sagte er, habe nur den Anschein, wahr zu sein. So entspreche zum Beispiel die Vorstellung, die Sonne würde morgens auf- und abends wieder untergehen, nicht der Wirklichkeit. In Wahrheit seien Sonnenauf- und Sonnenuntergang eine optische Täuschung, die auf Grund der Erdumdrehung zu widerlegen ist. Grund genug für den kritischen Wissenschaftler, das gesamte damalige Weltbild prinzipiell in Frage zu stellen. Das einzige, was für Descartes nicht in Frage gestellt werden kann, ist der Mensch selbst, der die Fähigkeit besitzt, die Welt, in der er lebt, denkerisch zu begreifen (Cogito, ergo sum!), und der dank seiner Intelligenz an allem, außer an sich selbst, zu zweifeln vermag (Dubito, ergo sum!).

Dieser Ansatz, mit dem er die moderne Wissenschaft begründete, hatte zwei verheerende Konsequenzen zur Folge: Zum einen wurde der Begriff „Wahrheit" nur noch auf wissenschaftlich nachprüfbare Fakten reduziert, also unangemessen eingeschränkt. Zum andern verursachte das Subjekt-Objekt-Denken Descartes folgenschwere Eingriffe des Menschen in die Natur, die das ökologische Gleichgewicht ins Wanken brachte, so dass inzwischen die berechtigte Sorge um das Überleben der Menschheit besteht.

2.

Die Wohltaten der Moderne

1. Naturwissenschaft und Technik bescherten uns aber auch einen ungeahnten Wohlstand und technischen Fortschritt, wovon frühere Generationen nur träumen konnten. Entfernungen, die wir heute mit dem Flugzeug in einer Stunde zurücklegen, erforderten früher Wochen und Monate. Als die Post noch von „Turn und Taxis" per reitender Kuriere befördert wurde, dauerte es wiederum Wochen bis etwa eine Nachricht von Friedrichshafen in Kopenhagen eintraf. Heute genügt ein Griff zum Telephon oder ein Klick ins Internet, und alles läuft sekundenschnell.

14

2. Man denke auch an den medizinischen Fortschritt, den wir dem Zeitalter der Moderne zu verdanken haben. Früher mussten Mensch und Tier ohne Narkose operiert werden. Früher rafften Pest und Tuberkulose die Menschen in den Tod. Heute werden sie, dank medizinischer Erkenntnisse, immer älter.

Es sind aber nicht nur die technischen und materiellen Güter, die uns das Leben bequemer machen, sondern auch die geistigen und demokratischen Errungenschaften, die uns ein höheres Maß an Freiheit und Gleichberechtigung beschert haben; wie zum Beispiel: Der Schutz der Menschenwürde. Das Recht auf Entfaltung der Persönlichkeit, soweit es nicht die Rechte anderer verletzt. Das Recht auf körperliche Unversehrtheit. Gleiches Recht für alle vor dem Gesetz. Glaubensfreiheit, Gewissensfreiheit, ungestörte Religionsausübung, freie Meinungsäußerung, Schutz der Ehe und Familie und unehelicher Kinder und dergleichen mehr.

3. Die Idee der Aufklärung bestand auch in der Überwindung von Unwissenheit, Armut und Unterdrückung. Ein gewisses Maß an Bildung ist vonnöten, will der Mensch seine Mündigkeit in Staat und Kirche wahrnehmen. Die Aufklärung förderte aber nicht nur das Bildungswesen, es sprossen auch utopische Zukunftsträume wie Pilze aus dem Boden. Kommunisten und Sozialisten träumten von der klassenlosen Gesellschaft. Nietzsche prophezeite den künftigen Herrenmenschen, der weder Gottes noch der Religion

mehr bedürfe. Hegel, Fichte und Leibniz huldigten der Idee des Fortschritts, wonach die Menschheit immer besseren Zeiten entgegen gehen werde. Lessing predigte die Toleranz, besonders zwischen Judentum, Christentum und dem Islam. Doch dann brach der Erste Weltkrieg aus, der über Nacht die utopischen Träume wie Seifenblasen zum Platzen brachte.

Es war Friedrich Schleiermacher, der bedeutendste Theologe des 19. Jahrhunderts, der zehn Jahre nach Ausbruch der Französischen Revolution in seinen „Reden über die Religion - an die Gebildeten und ihren Verächtern" den Idealisten seiner Zeit einen Spiegel vorhielt, um sie an die Folgen ihres Tuns zu erinnern: „Es ist euch gelungen, das irdische Leben so reich und vielseitig zu machen, dass ihr der Ewigkeit nicht mehr bedürft, und nachdem ihr euch selbst ein Universum geschaffen habt, seid ihr überhoben, an dasjenige zu denken, welches euch schuf." Schleiermacher sieht den Sündenfall der Aufklärung in dem Versuch, eine anthropozentrische, also eine nur noch auf den Menschen bezogene Welt zu schaffen, in der Gott keine wesentliche Rolle mehr spielt.

So bewunderns- und begrüßenswert viele der Errungenschaften der Aufklärung auch sind, so bedenklich sind auch die Hypotheken, die sie der Nachwelt hinterließ: Ozonloch, Umweltkatastrophen, Orientierungslosigkeit, Sinnlosigkeit, Arbeitslosigkeit,

Reichtum auf der einen und Verarmung auf der andern Seite. Welche Konsequenzen die Postmoderne aus diesen Entwicklungen zu ziehen hat, ist eine Aufgabe, der wir uns alle zu stellen haben.

II.

DIE POSTMODERNE

ZEITALTER DER GLOBALISIERUNG

1.

Unterschiedliche Bewertungen der Postmoderne

Die Kulturtheoretiker bezeichnen mit dem Begriff „Postmoderne" jene Zeitepoche, die unmittelbar auf die Moderne folgt. Ob die Postmoderne aber lediglich eine Fortsetzung der Moderne unter neuen gesellschaftlichen Bedingungen ist, oder ob sie eine kritische Weiterentwicklung der Moderne anstrebt, ist nach wie vor eine umstrittene Frage. Die einen gehen davon aus, das Zeitalter der Moderne sei deshalb gescheitert, weil es den Keim der Auflösung in sich getragen habe. In der Tat war die mit der Aufklärung einsetzende Relativierung und Beseitigung traditioneller Wertevorstellungen insofern verhängnisvoll, als es der Moderne nicht gelungen war, an deren Stelle gleichwertige und besserwertige Verhaltensnormen zu setzen, die nicht nur in idealen Vorstellungen gründen. Es musste also früher oder später zu dem kommen, was kam: Sinnverlust, Werteverlust, Orientierungslosigkeit.

Auf der anderen Seite wird aber der Verlauf der Moderne in genau entgegengesetzter Weise beschrieben. Es wird zwar eingeräumt, dass nicht alle Ideen der Aufklärung verwirklicht worden seien, man glaubt jedoch, dass dies in der postmodernen Zeit nachgeholt werden könne. In der neuen Epoche bestehe durchaus die Möglichkeit, sowohl das Menschenbild der Aufklärung als auch ihr Weltbild nach Lage der Dinge neu zu definieren, was aber die Frage aufwirft, ob die Postmoderne nicht wiederum utopischen Vorstellungen zum Opfer fällt.

2.

Unabwendbare Veränderungen in der Postmoderne

Das neue Zeitalter wird weniger von restaurativen Maßnahmen geprägt sein als viel mehr von tiefgreifenden wirtschaftlichen und gesellschaftlichen Umbrüchen, wie sie bereits heute deutlich erkennbar sind. Es zeichnet sich jetzt schon ab, dass es nicht mehr vorrangig Politiker und Pädagogen, Pfarrer und Priester, Humanwissenschaftler und Ethikkommissionen sind, die den Veränderungsprozess lenken und beeinflussen, sondern neokapitalistische und volkswirtschaftliche Überlegungen, die sich fast ausschließlich am Profit und dem immer härter werdenden Konkurrenzkampf orientieren.

Die Frage ist noch völlig offen, ob die derzeit bestehende und immer noch zunehmende Arbeitslosigkeit in Zukunft weiter anwachsen oder wieder abnehmen wird. Ungeklärt ist auch die Frage, ob das herkömmlich ausschließlich lohn- und leistungsbezogene Arbeitsverständnis dem rapiden ökonomischen und gesellschaftlichen Wandel überhaupt noch angemessen ist. Die Zeit drängt, über Fragen wie Lohn und Arbeit, Einkommen und Auskommen, soziale Verantwortung und leere Staatskassen kollektiv nachzudenken. Bei zunehmendem Wegfall von Arbeitsplätzen, steigender Lohnnebenkosten und steigender Arbeitslosigkeit werden immer mehr Menschen ihr Leben und ihren gesellschaftlichen Status nicht mehr über die Arbeit definieren können. Ein Problem, das uns nötigt, über das Menschenbild erneut nachzudenken.

3.
Chancen und Gefahren der europäischen Union

Das 21. Jahrhundert wird vermutlich als das „Jahrhundert Europas" in die Geschichte eingehen. Wie Europa am Ende gestaltet sein wird, muss abgewartet werden. Spannend ist jedenfalls die Frage, welcher Geist das europäische „Haus" in Zukunft bestimmen und wie seine künftige Grundordnung lauten wird. Der umstrittene Begriff „Leitkultur" hat hierzulande bereits heftige politische Diskussionen ausgelöst, erinnert er doch an das kulturelle Erbe des „christlichen" Abendlandes, das es in der multikulturellen Gesellschaft nicht zu verlieren, sondern zu bewahren gilt.

Einer der wenigen, die sich zu dieser Frage in jüngster Zeit zu Wort gemeldet hatten, waren Papst Johannes Paul II. und der ehemalige Bundeskanzler Helmut Schmidt. Letzterer stellte die Frage in den Raum: „Kann ein Europa, das sich wesentlich aus dem Christentum speist, unter Ausblendung dieser Tatsache zukunfts- und handlungsfähig werden? Das ist die große Frage, die sich jetzt stellt, nachdem die EU-Grundrechte-Charta diesen Punkt - nämlich die Verantwortung vor Gott - ausdrücklich von sich wies und einzig in der deutschen Übersetzung einmal eine Anspielung auf das „geistig-religiöse" Erbe zuließ, während es in anderen Übersetzungen nur vage als 'geistig-spirituelles' Erbe umschrieben wird. Papst Paul II. äußerte sich dazu in lapidarer Weise mit den Worten: „Ich kann meine Enttäuschung darüber nicht verbergen, dass man in den Wortlaut der Charta nicht einmal einen Bezug auf Gott eingeführt hat." Die Frage muss gestellt werden, wohin das unierte Europa in Zukunft steuern wird, wenn es seine christliche Herkunft und sein kulturelles Erbe zu verleugnen beginnt.

4.

Chancen und Gefahren der multikulturellen Gesellschaft

Völker, die ihre kulturelle Herkunft und ihre religiöse Identität verleugnen, begeben sich der Chance, einen offenen Dialog mit anderen Religionen und Kulturen zu führen. Es ist unverständlich, wie oberflächlich die multireligiöse Situation und deren

Probleme in unserer Gesellschaft wahrgenommen werden. Im Blick auf die Religion des Islams, der - entsprechend der des Christentums - die Gläubigen verpflichtet, ihren Glauben missionarisch-offensiv zu vertreten, ist gegenwärtig nichts so sehr gefordert, wie ein Dialog zwischen beiden Religionen, um neue Religionskriege zu unterbinden und den Fundamentalisten auf beiden Seiten Einhalt zu gebieten. Was wird aus Europa werden, wenn es im Vollzug kultureller und religiöser Integration die eigene Identität verleugnet? Wer nicht mehr willens ist, Position zu beziehen, räumt freiwillig das Feld und verhindert, dass es zu einem konstruktiven interreligiösen und interkulturellen Dialog kommt.

5.

Chancen und Gefahren der modernen Gen- und Biotechnologien

„Heute lernen wir die Sprache, in der Gott das Leben geschaffen hat!" Mit diesen Worten trat der amerikanische Präsident Bill Clinton einst vor die Presse, um der Weltöffentlichkeit das Entschlüsseln des menschlichen Genoms bekannt zu geben. Der Präsident wollte damit zum Ausdruck bringen, dass Genomforschung etwas mit Gott, dem Schöpfer und Erhalter des Lebens, zu tun hat. Sollte die Möglichkeit Wirklichkeit werden, dass in Zukunft der Mensch den Menschen nach seinem Bild zu erschaffen vermag, dann müssten in Kirche und Gesellschaft schon jetzt die

Alarmglocken läuten, da ein derartiger Eingriff in die Geschöpf-lichkeit des Menschen nicht nur Sünde vor Gott, sondern auch ein verhängnisvoller Eingriff in seine Gottebenbildlichkeit ist.

Wie provokativ, ja geradezu antichristlich einige Forscher sich zu diesem Thema bereits geäußert haben, zeigt die Stellungnahme des amerikanischen Molekularbiologen und Nobelpreisträgers James Watson, die von der 'Frankfurter Allgemeinen' veröffent-licht wurde. Dort widersprach er öffentlich der biblischen Auffas-sung, dass alles menschliche Leben als Ebenbild Gottes zu be-trachten und daher in seiner Menschenwürde uneingeschränkt zu schützen sei. Watson vertrat die Meinung, der Mensch sei nicht ein Geschöpf Gottes, sondern das Produkt eines evolutionären Prozesses, wonach der Gesunde überleben und der Schwache sterben müsse. Wer erinnert sich da nicht an Hitlers Euthanasie-programm, dem zahllose Behinderte zum Opfer gefallen sind?

III.
Der wissenschaftlich-technische Fortschritt
als ethisches Problem

Die Herausforderungen der Postmoderne bestehen nicht nur in globalem Denken und Handeln, sondern auch in der Notwendig-keit einer neuen Ethik. Die Urfrage der Ethik lautet seit eh und je: „Was sollen wir tun?" Um diese Frage beantworten zu können, müssen zuvor drei andere Fragen beantwortet werden: 1. Was ist gut und böse? 2. Wie kann der Mensch gut und böse erkennen? 3. Wie kann der Mensch dazu gebracht werden, das Gute zu wollen und es auch zu tun?

1.

Ein Blick in die Geschichte der Ethik zeigt, dass ethische Grundsätze und moralische Vorstellungen schon immer dem Wandel der Zeit unterworfen waren. Zu Anfang der griechischen Antike wurde die Frage nach gut und böse in der Weise beantwortet, indem man davon ausging, in den öffentlichen Verhaltensregeln der Menschen würde sich der Wille der Götter widerspiegeln. Später wurde diese naive Vorstellung differenzierter betrachtet. Sokrates lehrte zum Beispiel, dass der Mensch das Gute deshalb erkennen könne, weil er ein Gewissen habe, das ihm als Stimme Gottes diene. Platonisch ausgedrückt: Der Mensch ist ein Wesen, das aus Geist, Leib und Seele besteht. Da die Seele göttlichen Ursprungs ist, verfügt der Mensch sozusagen über einen „Kompass", der ihm göttliche Anweisungen für sein Handeln erteilt. Er handelt dann ideal, wenn er die folgenden vier Tugenden zur Maxime seines Handelns erhebt: Weisheit/Einsicht, Tapferkeit, Besonnenheit und Gerechtigkeit. In der Philosophie der Stoa wurde das naturrechtliche Denken (lex naturae) weiter entwickelt, an dem sich sittliches Handeln der Menschen zu orientieren habe.

2.

Es war Thomas von Aquin, der Jahrhunderte später den antiken Gedanken der natürlichen Gotteserkenntnis aufgriff, um ihn zur Grundlage seiner Theologie zu machen, die Glaube und Vernunft, Rationalität und Religiosität, natürliche Theologie und Offenbarungstheologie einander harmonisch zuordnet.

3.

Erst im Zeitalter der Aufklärung wurde begonnen, diese Harmonie wieder aufzulösen. Es war Immanuel Kant, der mit seinem „kategorischen Imperativ" jenen Paradigmawechsel im ethischen Denken herbeiführte, der bis heute in der ethischen Diskussion nachwirkt. Kants These lautet: Der Mensch soll nach jener Maxime handeln, wonach sein eigenes Wollen zugleich auch als allgemeines Gesetz zu verstehen sei. Die ethische Maxime müsse deshalb vernünftig, allgemein verbindlich und jederzeit überprüfbar sein. Letzteres könne deshalb erfolgen, weil der Mensch ein autonomes Vernunftwesen sei.

4.

Im 19. Jahrhundert entstand in England die „utilitaristische" Ethik, demzufolge menschliches Handeln sich nicht mehr an religiösen Wertevorstellungen zu orientieren habe, sondern nur noch an dem allgemeinen Nutzen, also an dem, was den meisten Menschen größtes Glück und bequemes Leben beschert. Diese lediglich am äußeren Wohlergehen der Menschen ausgerichtete Ethik setzte ihre Hoffnung auf den wissenschaftlich-technischen Fortschritt, von dem man glaubte, er würde der Menschheit Heil und Segen bescheren.

5.

Spätestens mit dem Abwurf von Wasserstoffbomben über Hiroshima und Nagasaki im Zweiten Weltkrieg bahnte sich ein weiterer Paradigmawechsel im ethischen Denken an. Waren die Menschen noch bis ins 18. Jahrhundert von jenem Denken des christlichen Abendlandes geprägt, wonach Schöpfung und Zerstörung des Lebens allein in Gottes Hand und seiner Allmacht stehe, so droht heute die Gefahr, dass der Mensch selbst es ist, der mit seinen technischen Errungenschaften den Weltuntergang zu inszenieren vermag. Der Fortschritt als solcher ist zum ethischen Problem geworden. Ein erstes alarmierendes Signal gab der „Club of Rome", der in den 70-er Jahren die Weltöffentlichkeit auf die ökologischen Schäden und die auf die Menschheit zukommenden Gefahren hingewiesen hatte. Hinzu kamen die unkontrollierte Verbreitung von nuklearen Vernichtungswaffen, die rasante Entwicklung der Gentechnologie und die der Genomforschung, die immer dramatischer werdende Diskrepanz zwischen reichen Industrienationen und den immer größer werdenden Armenhäusern der Dritten Welt. Wenn auch zögerlich, so setzt sich doch die Einsicht langsam durch, dass der wissenschaftlich-technische

Fortschritt kein Wert an sich ist, er also nicht zum Tabu erklärt werden darf.

6.

Die ethischen Konsequenzen, die bisher aus dem wissenschaftlich-technischen Fortschritt gezogen wurden, bestanden zunächst darin, die herkömmliche „Gesinnungsethik" durch eine „Verantwortungsethik" zu ergänzen, also das Motiv des Handelns nicht allein von der Gesinnung her zu bestimmen, sondern im Blick auf die drohenden Gefahren der Zukunft präventive Maßnahmen des Handelns zu ergreifen, um künftigen weltweiten Katastrophen entgegenwirken zu können. Letzteres setzt voraus, dass die herkömmlich anthropozentrisch ausgerichtete Ethik, die den Menschen als „Krone" der Schöpfung betrachtet, im Horizont der gesamten Schöpfung Gottes neu bedacht und definiert werden muss.

Bedenkt man die auf uns zukommenden negativen Auswirkungen der modernen Industriegesellschaft, so stehen u.a. folgende Fragen auf der Tagesordnung ethischen Nachdenkens:

6.1 Wie kann die europäische Kultur, die sich christlicher Wertevorstellungen verdankt, im Wandel der Zeit erhalten werden, ohne den wissenschaftlich-technischen Fortschritt ungebührlich zu behindern?

6.2 Wie kann die Zukunft künftiger Generationen und deren Leben gesichert werden, wenn die Schadstofferzeugung und das nukleare Strahlenpotential, das die Menschheit bereits jetzt auf Jahrmillionen belastet, nicht drastisch reduziert wird?

6.3 Wann endlich werden die Industrienationen zu der Einsicht gelangen, dass die Natur nicht länger Objekt ihrer Ausbeutung zur Befriedigung materieller-egoistischer Bedürfnisse sein darf?

6.4 Wann wird die Gesellschaft zur Einsicht gelangen, dass es für wissenschaftliches und technisches Handeln nicht länger wertfreie Handlungsräume geben darf, in denen alles verwirklicht werden darf, auch das ethisch Verwerfliche?

6.5 Welchen Stellenwert werden das ungeborene Leben, das zunehmende Alter, Krankheit und Tod in der sogenannten „Spassgesellschaft" haben? Wird das christlich geprägte Menschenbild durch andere Anthropologien aus der postmodernen Gesellschaft verdrängt oder grundlegend erneuert werden?

So gewiss die evangelische Ethik sich nicht krampfhaft an herkömmlichen Moralvorstellungen festbeißen muss, so sehr hat sie doch die Normen ethischen Handelns am biblischen Menschenbild kritisch zu bedenken. Neben dem leiblichen Wohl des Menschen muss auch dessen Heil im Auge behalten werden.

7.

Aus biblischer Sicht ist Leben ein unverfügbares Gut. Da niemand das Leben sich selbst verdankt, darf es in seiner Würde auch von niemandem angetastet werden. Es ist zwar unbestritten, dass die Aufklärung das Leben der Menschen in vielerlei Hinsicht angstfreier gestaltet hat. Ebenso unbestritten ist aber auch, dass das Kausaldenken der Naturwissenschaft immer nur Teilwissen ist, das keine umfassende und abschließende Antwort zu geben vermag auf die Grundfragen menschlichen Daseins, die nicht nur das Diesseits, sondern auch das Jenseits betreffen. Jedes Wissen ohne die Weisheit Gottes läuft Gefahr, zum Tötungswissen zu entarten, besonders dann, wenn Menschen sich anmaßen göttliche Vollmacht zu besitzen.

Seit der Änderung des § 218 im Jahr 1995 bleibt eine Abtreibung nach vorangegangener Beratung bis zur 12. Woche der Schwangerschaft straffrei. Nach dieser Frist ist eine Abtreibung nur noch bei Vergewaltigung bzw. einer medizinischen Indikation statthaft. Damit brach erneut die Frage auf, zu welchem Zeitpunkt menschliches Leben eigentlich beginne und ab wann es dem Schutz der Menschenwürde unterliege.

Die alten Kirchenlehrer gingen davon aus, dass das Leben mit der Befruchtung des Mannes und der göttlichen Beseelung beginne. Auch wenn die heutige Naturwissenschaft den Gedanken einer metaphysischen Beseelung als Spekulation betrachtet, streitet sie doch selbst um die Frage, ab welchem Zeitpunkt von einem menschenwürdigen Leben die Rede sein kann. Etliche Forscher sind sich darin einig, dass der Begriff Menschenwürde auf die frühe Phase des embryonalen Zustandes werdenden Lebens nicht anwendbar sei, da es in diesem Zustand weder ein Schmerzempfinden noch Anzeichen für individuelles Leben gebe.

Kirche und Theologie halten dem entgegen, dass der embryonale Zustand eines Menschen vom Zeitpunkt der Verschmelzung von Ei- und Samenzelle schutzbedürftig sei, da in diesem anfänglichen Zustand bereits das gesamte genetische Programm menschlicher Entwicklung vorgegeben ist.

Wenn die Bibel mahnt, das Leben „heilig" zu halten, so erinnert sie damit an den Grundsatz, dass Gott allein der Heilige ist, er allein es ist, der über Tod und Leben entscheidet. Menschliches Leben ist als Leihgabe Gottes zu betrachten ebenso wie Gottes Schöpfung, die es zu pflegen und zu bewahren gilt. Wo dem entgegen gehandelt wird, gilt der alte Grundsatz: „Principiis obsta!" - „Wehret den Anfängen!" Weil Gott der Anwalt des Lebens ist, haben auch wir das ethische Verhalten an diesem biblischen Grundsatz auszurichten

IV.

Herausforderungen der Postmoderne

an die Kirche

Um den vielfältigen Herausforderungen der Postmoderne gerecht zu werden, sollten Kirchen und Konfessionen noch näher zusammenrücken, als es bisher der Fall war. Mit dem Beginn der Postmoderne sollte m. E. auch das Zeitalter des Konfessionalismus der Vergangenheit angehören. Da die ethischen Herausforderungen der Zeit so gewaltig und bedrängend sind, sollte der ökumenische Dialog der Kirchen vorrangig darauf ausgerichtet werden, sich den globalen Herausforderungen gemeinsam zu stellen und nicht trennende Unterschiede weiterhin zu kultivieren.

Für Kirche und Theologie dürfte der Begriff „Globalisierung" kein Fremdwort sein, weist doch das Evangelium selbst universale Dimensionen auf. Die Kirche hat aber darüber zu wachen, dass in der Postmoderne die Würde des Menschen gewahrt bleibt; und sie hat darüber zu wachen, dass die Universalität der Botschaft Jesu nicht einer kirchlichen Provinzialität zum Opfer fällt.

2.

GEDANKEN ÜBER

DIE GOTTVERLASSENHEIT[3]

(Karl Besemer)

Nirgendwo im Leben bricht die Frage nach Gott so elementar auf wie dort,

wo Menschen schuldlos leiden müssen. 'Gott, warum lässt du das zu?' -

Gottverlassenheit trifft aber nicht nur Gottlose, sondern auch Fromme

An drei Gestalten der Weltgeschichte soll dargestellt werden,

wie sie damit umgegangen sind.

***

I.

Stimmen aus der Literatur

1.

Albert Camus, französischer Schriftsteller und Philosoph, der im Jahr 1957 den Nobelpreis für Literatur erhielt, hat in seinen Dramen und Romanen die Gottverlassenheit der modernen Zeit und die Sinnlosigkeit des Lebens thematisiert. Obwohl alles so negativ, absurd und sinnlos ist, gibt Camus die Hoffnung nicht auf, dass vielleicht doch noch bessere Zeiten kommen. Am Ende aber bleiben Mensch und Welt wie sie sind, unverbesserlich. Niemand vermag die Absurdität aus der Welt zu schaffen.

In seinem Theaterstück „Der Mythos des Sisyphos" bringt Camus das Schicksal des Menschen in der Gestalt jenes Mannes zur

---

[3] Vortrag im Freundeskreis Evang. Erzieher in Württemberg, gehalten in Hohegrete

Sprache, dessen lebenslanges Tun darin besteht, einen riesigen Felsbrocken den Berg hinaufzuwälzen. Immer aber, wenn Sisyphos glaubt, es endlich geschafft zu haben, rollt ihm der Stein - wie von unüberwindlicher Schwerkraft angezogen - wieder ins Tal hinab. Immer wieder versucht er es aufs Neue, schindet sich und schafft es doch nicht. Sein Leben bewegt sich unaufhörlich von unten nach oben und dann wieder von oben nach unten. Das himmelhoch-jauchzend und das zu Tode-Betrübt sein kennzeichnet sein Leben.

Der antike Mythos vermag keinen Grund anzugeben, warum es so ist, dass am Ende doch alles vergeblich ist. Dennoch gibt Sisyphos den Kampf nicht auf. Obwohl er weiß, dass er ihn verlieren wird, plagt er sich weiter. Camus Philosophie besteht nicht darin, die Absurdität des Lebens in fatalistischer Weise eben hinzunehmen, sondern unaufhörlich gegen sie anzukämpfen, selbst dann noch, wenn alles vergeblich erscheint. Weder der Selbstmord eines Menschen, noch die Zuflucht zu einem göttlichen Wesen vermag den Menschen darüber hinwegzutäuschen, dass es für ihn nur die eine, absurde Welt gibt - und darüber hinaus nichts. Solches Wissen macht Sisyphos zu einer so tragischen Gestalt, die dazu verurteilt ist, ohne Hoffnung leben zu müssen, niemals über sich selbst hinauszukommen.

2.

Wenden wir uns einer zweiten Gestalt der Weltliteratur zu, die sich ähnlich wie Sisyphos mit dem Schicksal hat auseinandersetzen müssen, allerdings unter dem Aspekt der Theodizee, also der Frage, warum Gott das Böse zulässt.

Hiob und Sisyphos teilen auf den ersten Blick ein ähnliches Schicksal. Auch Hiob rätselt, warum das Unabänderliche passiert? Keuchend kommt eines Tages ein Bote zu dem frommen und wohlhabenden Hiob gelaufen und meldet:

„Einfallende Nomaden haben deine Eselinnen geraubt

und die Hirten totgeschlagen!"

Während dieser noch redet, eilt schon der nächste Bote herbei:

„Chaldäer", ruft er bestürzt dem Großfürst entgegen, „Chaldäer haben deine Kamelherden geraubt und dein gesamtes Hab und Gut vernichtet!"

Während dieser noch redet, eilt schon der dritte Bote mit seiner Todesbotschaft heran:

„Hiob", stöhnt er mit zitternder Stimme, „alle deine Söhne und Töchter sind bei einem Fest deines ältesten Sohnes ums Leben gekommen als dessen Hauses einstürzte!"

 Da steht Hiob auf, zerreißt vor Schmerz sein Gewand,

schert sein Haupt, fällt zur Erde,

verneigt sich ehrfurchtsvoll vor Gott und spricht:

„Nackt bin ich von meiner Mutter Leibe gekommen,

nackt werde ich wieder dahinfahren.

Der Herr hat's gegeben, der Herr hat's genommen;

der Name des Herrn sei gelobt!" (Hiob 1,20ff).

Es begab sich aber, dass Hiob wenig später aussätzig wurde. Geschwüre bedeckten seinen Körper vom Scheitel bis zur Sohle. Da tritt seine Frau zu ihm und spricht:

„Mann, hältst du immer noch fest an deiner Frömmigkeit?

Sage Gott ab und stirb!"

Er aber spricht zu ihr:

„Du redest töricht. Haben wir Gutes empfangen von Gott

und sollten das Böse nicht auch annehmen?"

In diesem allem versündigte sich Hiob nicht mit seinen Lippen.

Als Hiobs Freunde von dessen Schicksal hören, kommen auch sie herbeigeeilt, setzen sich in angemessener Entfernung nieder, um ja nicht angesteckt zu werden, beginnen zu weinen und beklagen sein Schicksal mit einem vorwurfsvollen Unterton:

„Lieber Freund", sagen sie, „dein Schicksal kommt nicht von ungefähr.

Denk' doch einmal darüber nach, wann und wo du gesündigt hast.

Von nichts kommt nichts!

Alles, was geschieht, kommt von Gott,

es sei Lohn oder Bestrafung."

Marc Chagall (1887-1985) hat den so hart heimgesuchten Hiob eindrucksvoll ins Bild gesetzt. Wie ein fallender Stern stürzt der vom Schicksal getroffene Gottesmann zu Boden, zieht aber eine Lichtspur hinter sich her, wie den Schweif eines Kometen. Hilferufend reckt er die Arme aus. Sein flehender Blick geht ins Leere. Da ist kein Himmel, der sich öffnet; kein Oben und kein Unten mehr, nur Leere, sinnlose Leere. Das ganze Universum scheint taub - (lateinisch: „surdus") - für den Schrei des Bedrängten geworden zu sein, absurd.

Chagall setzte die Gestalt Hiobs nur mit flüchtigen Konturen ins Bild. Sein Gewand trägt die Farbe der Erde, aus der das Leben hervorgeht und das am Ende wieder zu Staub und Erde werden wird. Hiobs Gewand ist wie mit Asche durchsetzt, als wollte der Künstler sagen: „Erde zu Erde, Staub zum Staube!" Und dennoch ist in Chagalls Bild nicht alles aschgrau. Von oben her kommt ein leuchtendes Blau, gerade so als sei es ihm ins Gesicht geschlagen oder würde er mit der Hand danach greifen. Blau ist die Farbe der Sehnsucht, der Hoffnung. So betrachtet ist Hiob nicht nur vom Leid gezeichnet, sondern zugleich auch mit göttlicher Transzendenz umgeben.

3.

Hiob und Sisyphos

Was haben die beiden großen Gestalten der Weltliteratur miteinander gemeinsam? Und was unterscheidet sie voneinander? Gemeinsam ist ihnen, dass die Welt, in der sie lebten, ihnen absurd vorkam. Beide erlitten ein Schicksal, das sie sich selbst nicht erklären konnten. Gemeinsam ist ihnen auch, dass sie von der Höhe in die Tiefe gestürzt wurden, Hiob aus der Höhe eines fürstlichen Lebens, Sisyphos dem zu Tal rollenden Stein hinterherlaufend. Beide sind ganz unten in der Tiefe angekommen, in erlebter Gottverlassenheit.

Doch eben darin unterscheidet sich Hiob von Sisyphos. Hiob musste sich nicht wie Sisyphos in fatalistischer Weise mit dem Unerklärlichen abfinden, ohne Antwort darauf zu bekommen. Im Gegensatz zu Sisyphos konnte er wenigstens klagen, seinen Gott anklagen, ihm seine Not ins Gesicht schreien. Auch in der Tiefe konnte er noch rufen: „Herr, erhöre mich!" „Gott erbarme dich!"

Gott jedoch antwortet ihm nicht, jedenfalls nicht so, dass er ihm alle Fragen des Lebens beantwortet. Der Mensch wird es lernen müssen, mit Fragen zu leben, auf die es keine Antwort gibt. Und dennoch gibt es die Möglichkeit, auch in der Tiefe an Gott glauben zu können. Hiob fasst seinen Glauben in die Worte: „Ich weiß, dass mein Erlöser lebt, und als der letzte wird er über den

Staub sich erheben. Und ist meine Haut noch so zerschlagen und mein Fleisch dahingeschwunden, so werde ich doch Gott sehen. Ich selbst werde ihn sehen. Danach sehnt sich mein Herz." (Hiob 19,25ff).

II.

Jesu Tod und unser Tod

Vergleicht man das Leben und Sterben Jesu mit dem des Hiob und Sisyphos, so stellt man fest, dass auch er in leidvolle Tiefe geführt wurde, weshalb die Evangelisten der Passion Jesu den weitaus größten Platz in ihren Evangelien eingeräumt haben. Erinnern wir uns: Jesus wurde als Flüchtlingskind geboren. Er war der Willkür des Königs Herodes ausgesetzt, der ihm nach dem Leben trachtete. Als er zwölf Jahre alt war, geriet er in Konflikt mit seinen Eltern, weil er auf einer Reise nach Jerusalem sich von seinen Eltern entfernte, um im Tempel mit den Schriftgelehrten über Gottes Wort und Willen zu diskutieren. (Lk. 2,41ff). Als er mit seiner Botschaft vom Reich Gottes an die Öffentlichkeit trat, waren seine Eltern und Geschwister so bestürzt, dass sie sagten: „Er ist von Sinnen." (Mk 3,21). Als er seine göttliche Vollmacht durch Wunderheilungen unter Beweis stellte, warf ihm die jüdische Obrigkeit vor, von einem Dämon besessen zu sein. (Joh. 8,48). Als er zum letzten Mal nach Jerusalem ging, um dort den Kreuzestod auf sich zu nehmen, stellte Petrus sich ihm in den Weg, fuhr ihn an und sprach: „Aber ja nicht, Herr, das verhüte

Gott!" (Matth. 16,22). Und während er im Garten Gethsemane mit dem Tode rang und Blut schwitzte, übermannte seine Jünger der Schlaf. Judas Ischariot machte sich heimlich auf den Weg ins Synhedrium, um daselbst seinen Herrn und Meister um schäbige 30 Silberlinge zu verraten. Wenig später verleugnete der sonst so forsche Petrus seinen Herrn vor einer Dienstmagd. Und zu allem kam hinzu, dass Jesus in der Sterbestunde das Gefühl überkam, nun auch noch von Gott verlassen zu sein. Mit Worten aus dem 22. Psalm rief er in die Todesnacht hinein: „ Eli, Eli, lama asabtanie? das heißt: „Mein Gott, mein Gott, warum hast du mich verlassen?" Im Psalm heißt es weiter: „Ich schrie, aber meine Hilfe ist fern. - Mein Gott, des Tages rufe ich, doch antwortest du nicht, und des Nachts finde ich keine Ruhe. - Unsere Väter hofften auf dich; und da sie hofften, halfst du ihnen heraus. Zu dir schrien sie und wurden errettet, sie hofften auf dich und wurden nicht zuschanden. Ich aber bin ein Wurm und kein Mensch, ein Spott der Leute und verachtet vom Volk. Alle, die mich sehen, verspotten mich, sperren das Maul auf und schütteln den Kopf. Er klage es dem Herrn, der helfe ihm heraus und rette ihn, hat er Gefallen an ihm."

Und Gott schwieg. Jesus musste sterben als gebe es Gott nicht. Damit nahm er das Schicksal des Sisyphos, des Hiob und der ganzen Welt auf sich. Wie ein Lamm zum Scherer, so wurde Jesus zur Schlachtbank geführt. Aber trotz der Gottverlassenheit hält er dennoch an dem schweigenden und verborgenen Gott fest. Drei Tage später ist die Anfechtung vorüber. Der Gekreuzigte wird zum Leben erweckt. Gottverlassenheit ist nur vorübergehend. Auferweckung der Toten ist das einzige, was ewig währt.

3.

WENN GOTT TOT IST,

WAS WIRD DANN AUS DEM LEBEN?[4]

(Karl Besemer)

Die Frage, ob Gott ein Hirngespinst der Menschen
oder ein real existierendes Wesen ist, trat in dieser Schärfe erst
im 19. Jahrhundert auf. Friedrich Nietzsche,
einer der heftigsten Gottesleugner seiner Zeit,
äußerte sich gegen Ende seines Lebens selbst besorgt über den
Tod Gottes und die daraus entstehende atheistische Gesellschaft.
Heute stehen wir immer noch vor der Frage,
ob und wie atheistische Weltanschauungen
überwunden werden können.

***

I.

Götterdämmerung

Einigen wir uns zuerst auf den Begriff: Was ist eine „Götterdämmerung"? Das Lexikon schreibt, dass der Begriff aus einem Übersetzungsfehler herrühre. Der aus der nordgermanischen Mythologie stammende Begriff „Ragnarök" bedeute ursprünglich „Götterverhängnis", also das Gegenteil von Götterdämmerung. Im heutigen Sprachgebrauch versteht man unter einer Götterdämmerung nicht das Eingreifen der Götter in die Geschichte, sondern deren Untergang.

---

[4] Vortrag im Freundeskreis Evang. Erzieher in Württemberg, gehalten in Hohegrete

1.

Friedrich Nietzsche

Der am 25. August 1900 in Weimar in geistiger Umnachtung verstorbene Philosoph Friedrich Nietzsche prophezeite den Tod Gottes in einer Zeit, in der Deutschland noch ein durchaus „christliches" Land war. Was wir aber gegenwärtig an Atheismus und Nihilismus unter uns erleben, wurde von ihm in geradezu visionärer Weise vorausgeahnt. Nietzsche gehört nicht zu jenen Verächtern der Religion, die nur hämisch und abwertend über Gott reden. In seiner gleichnishaften Geschichte vom „Tollen Menschen", beschreibt er die heraufziehende Götterdämmerung mit bewegten Worten:

„Habt ihr nicht von jenem tollen Menschen gehört, der am hellen Vormittag eine Laterne anzündete, auf den Markt lief und unaufhörlich schrie: 'Ich suche Gott! Ich suche Gott!' Da dort gerade viele von denen zusammenstanden, welche nicht an Gott glaubten, so erregte er ein großes Gelächter. Ist er denn verlorengegangen? sagte der Eine. Hat er sich verlaufen wie ein Kind? sagte der Andere? Oder hält er sich versteckt? Fürchtet er sich vor uns? Ist er zu Schiff gegangen? ausgewandert? - so schrieen und lachten sie durcheinander.

Der tolle Mensch sprang mitten unter sie und durchbohrte sie mit seinen Blicken. 'Wohin ist Gott?' rief er, 'ich will es euch

sagen! Wir haben ihn getötet - ihr und ich! Wir sind seine Mör-
der! Aber wie haben wir das gemacht? Wie vermochten wir das
Meer auszutrinken? Wer gab uns den Schwamm, um den ganzen
Horizont wegzuwischen? Was taten wir, als wir diese Erde von
ihrer Sonne losketteten? Wohin bewegt sie sich nun? Wohin be-
wegen wir uns? Fort von allen Sonnen? Stürzen wir nicht fort-
während? Und rückwärts, seitwärts, vorwärts, nach allen Sei-
ten? Gibt es noch ein Oben und ein Unten? Irren wir nicht wie
durch unendliches Nichts? Haucht uns nicht der leere Raum an?
Ist es nicht kälter geworden? Kommt nicht immerfort die Nacht
und mehr Nacht? Müssen nicht Laternen am Vormittag ange-
zündet werden? Hören wir noch nichts von dem Lärm der Toten-
gräber, welche Gott begraben? Riechen wir noch nichts von der
göttlichen Verwesung? - Auch Götter verwesen!

Gott ist tot! Gott bleibt tot! Und wir haben ihn getötet! Wie trö-
sten wir uns, die Mörder aller Mörder? Das Heiligste und Mäch-
tigste, was die Welt bisher besaß, es ist unter unseren Messern
verblutet - wer wischt dieses Blut von uns ab? Mit welchem Was-
ser können wir uns reinigen? Welche Sühnefeiern, welche heili-
gen Spiele werden wir erfinden müssen? Ist nicht die Größe die-
ser Tat zu groß für uns? Müssen wir nicht selber zu Göttern
werden, um nur ihrer würdig zu erscheinen? Es gibt nie eine
größere Tat - und wer nur immer nach uns geboren wird, gehört

um dieser Tat willen in eine höhere Geschichte als alle Ge-
schichte bisher war!

Hier schwieg der tolle Mensch und sah wieder seine Zuhörer an:
auch sie schwiegen und blickten befremdlich auf ihn. - Endlich
warf er seine Laterne auf den Boden, dass sie in Stücke sprang
und erlosch. 'Ich komme zu früh', sagte er dann, 'ich bin noch
nicht an der Zeit. Dies ungeheure Ereignis ist noch unterwegs
und wandert - es ist noch nicht bis zu den Ohren der Menschen
gedrungen. Blitz und Donner brauchen Zeit. Taten brauchen
Zeit, auch nachdem sie getan sind, um geschehen und gehört zu
werden. Diese Tat ist ihnen immer noch ferner als die fernsten
Gestirne - und doch haben sie dieselbe getan.

Man erzählt noch, dass der tolle Mensch desselben Tages in ver-
schiedene Kirchen eingedrungen sei und darin sein Requiem ae-
ternam deo angestimmt habe. Hinausgeführt und zur Rede ge-
stellt, habe er immer nur dies entgegnet: 'Was sind denn diese
Kirchen noch, wenn sie nicht die Grüfte und Grabmäler Gottes
sind?' "

Ist das Dichtung oder Wahrheit, Frevel oder Frivolität, Prophetie
oder Gotteslästerung, was Nietzsche den tollen Menschen sagen
lässt? - Wenn ich ihn richtig verstehe, hat er damit die Konsequenzen jenes Weges aufgezeigt, die sich aus der Säkularisierung
der Gesellschaft fast notwendigerweise ergeben mussten, näm-

lich: Atheismus und Nihilismus. Wo der Prozess der Säkularisierung konsequent zu Ende gegangen wird, geschieht am Ende jenes, was Nietzsche den tollen Menschen hat sagen lassen: Es gibt keinen Gott, nur noch Menschen, die selbst Gott sein wollen. Es gibt keinen Himmel mehr, nur noch den Boden dieser Erde. Es gibt keine Hoffnung mehr, nichts Heiliges mehr, nichts mehr, woran sich der Mensch im Glauben festhalten kann. Am Ende dieses Weges wird und muss das große Nihil stehen, eine Welt, in der es dunkel und entsetzlich kalt werden wird.

2.
Wenn Gott tot ist,
was wird dann der Götterdämmerung folgen?

Man mag Nietzsches Vorstellungen, was dem Tode Gottes folgen wird, als Hirngespinste empfinden. Nachdenklich stimmt es allemal, wenn man die brüsken Worte des Zarathustra liest:

„Ich lehre euch den Übermenschen. Der Mensch ist etwas, das überwunden werden soll. - Ihr habt den Weg vom Wurm zum Menschen gemacht und vieles ist in euch noch Wurm. Einst wart ihr Affen, und auch jetzt noch ist der Mensch mehr Affe als irgendein Affe. Was ist der Affe für den Menschen? Ein Gelächter oder eine schmerzliche Scham. Und eben das soll der Mensch für den Übermenschen sein: ein Gelächter oder eine schmerzliche Scham.

Der Übermensch ist der Sinn der Erde! Ich beschwöre euch, meine Brüder, bleibt der Erde treu und glaubt denen nicht, welche euch von überirdischen Hoffnungen reden! Giftmischer sind es, ob sie es wissen oder nicht. Verächter des Lebens sind es, Absterbende und selber Vergiftete, denen die Erde müde ist: so mögen sie dahinfahren."

Dreimal wehe, wenn der Übermensch über uns kommt. Im Nazireich erhob er sein freches Haupt. Und weil der Übermensch sich zu allen Zeiten als Unmensch gebärdet, nehme man sich vor ihm in acht. Er neigt zur Unmenschlichkeit, Skrupellosigkeit und Kaltblütigkeit! Der Übermensch hat kein Gewissen. Kein Gefühl für Solidarität und Nächstenliebe. Er zertritt unter sich alles, was sich ihm in den Weg stellt, wie man Würmer zertritt. Wer Gott tötet, wird auch seinen Bruder töten. Wer Gott aus der Welt schafft, schändet auch die Würde des Menschen.

III.
Was kann man gegen Gottlosigkeit tun?
1.

Kirche und Theologie im ausgehenden 19. Jahrhundert waren wenig bereit, sich mit den Kritikern der Religion ernsthaft auseinanderzusetzen. Entweder wurden sie totgeschwiegen oder frivoler Gottlosigkeit bezichtigt. Friedrich Schleiermacher, der bedeutende Theologe des 19. Jahrhunderts, versuchte seinerseits das Problem der Säkularisierung und Entmythologisierung damit zu lösen, indem er lehrte, der Glaube sei weniger eine Angelegenheit des Kopfes als viel mehr des Gefühls. Auch wenn der Mensch mit seiner Ratio das Dasein Gottes bezweifelt, gelegentlich auch bestreitet, sagt Schleiermacher, so hat er doch das Gefühl in sich, ein endliches, von Gott abhängiges Wesen zu sein. Im Innersten sei der Mensch ein durch und durch religiöses Geschöpf.

Man staune: Selbst Nietzsche hat in seinem Zarathustra den von Menschen getöteten Gott wieder zurückzurufen versucht: *„Nein! Gott, komm zurück mit allen deinen Martern! Zum Letzten aller Einsamen! O komm zurück!!!! Mein unbekannter Gott!"* - Ohne Gott zu leben, ist eine schwere Bürde. Denn nun muss der Mensch an die Stelle Gottes treten und für alles in der Welt selbst verantwortlich sein, eine wahre Herkulesarbeit, an der jeder Mensch scheitern muss.

2.

Getrud von le Fort (1876-1917) schreibt in ihrem Roman „Das Kreuz der Engel", dass man Gott in bestimmten Grenzfällen verlassen müsse, da die Liebe Gottes auch die Liebe zu den Atheisten sei. Um dem Gottesleugner „Enzio" diese Liebe erfahrbar zu machen, beschließt die gläubige Veronika, aus der Geborgenheit ihrer Glaubenswelt herauszutreten und somit auch ihre Kirche zu verlassen, um in der Nachfolge Jesu den Gottlosen heimzulieben.

Es ist eine legitime Frage, wieviel Kraft und Zeit die Bediensteten der Kirche heutzutage für die „Kerngemeinde" aufwenden und was dabei noch an Zeit und Kraft für jene übrig bleibt, die an den Rändern der Kirche leben!

3.

Dietrich Bonhoeffer (1906-1945) hatte bereits als junger Theologe die Götterdämmerung in unserer Gesellschaft wachen Sinnes wahrgenommen. Schon als Studentenpfarrer kam er zu der Erkenntnis, dass die Sprache der Kirche im Zeitalter der Moderne wirkungslos verhalle: „Wer glaubt denn noch? Die Unsichtbarkeit macht uns kaputt! Das dauernde Zurückgeworfensein auf den unsichtbaren Gott selbst - das kann doch kein Mensch mehr aushalten:" In der Wahrnehmung dessen, dass die Menschen die Sprache der Bibel und die der Kirche nicht mehr verstehen, fertigte Bonhoeffer einen Entwurf zu einer „nicht religiösen Interpretation der Bibel" an. Er geht dabei aus von dem Satz: „Einen Gott, den es gibt, den gibt es nicht." Niemand kann die Existenz Gottes beweisen, weder so noch so. Wir müssen leben und glauben lernen, meinte er, als würde es Gott nicht geben. Anders gesagt: Wir müssen Jesu Gottverlassenheit am Kreuz auf uns nehmen und uns damit einverstanden erklären, dass wir mit Christus gekreuzigt sind und somit teilhaben an seiner „Gottlosigkeit". Wir müssen lernen, die Gottlosigkeit unserer Zeit im Glauben an den verborgenen Gott auszuhalten.

Kein Volk der Welt musste so viel Gottverlassenheit erdulden, wie das Volk der Juden unter Adolf Hitler. Elie Wiesel, Augenzeuge der KZ-Barbarei, berichtet: „Selbst Gott schien den Atem anzuhalten, als in Auschwitz unter freiem Himmel vor den versammelten Mithäftlingen ein Knabe (genannt der 'traurige Engel') vor den versammelten Mithäftlingen von den Nazischergen gehenkt wurde. Hinter sich hörte Wiesel jemand fragen: 'Wo ist Gott jetzt?' und er vernahm eine Stimme in sich, die antwortete: 'Dort ist er, er hängt am Galgen'."
Wer hat Gott getötet? Nietzsche sagt: Wir haben ihn getötet. Nun müssen wir leben, als gäbe es ihn nicht mehr. „Da kam eine Finsternis über das ganze Land." Welt ohne Gott!

Dennoch bleibe ich stets bei dir, sagt der Psalmist in Psalm 73. Als die Bürger von Weinsberg ihr im Krieg zerstörtes Rathaus wieder aufbauten, meißelten sie drei Worte in deutscher Sprache und schwäbischer Mundart in den Grundstein: *„Dennoch, trotzdem, oineweg."* Womit lässt sich das 'Dennoch' des Glaubens begründen? - Es gibt nur den einen Grund: Du hältst mich, auch in der tiefsten Tiefe! Du leitest mich, auch wenn ich das Ziel aus den Augen verloren habe! Du nimmst mich am Ende mit Ehren an, auch wenn ich es nicht fassen kann!

4.

KINDLICHE UND KIRCHLICHE GOTTESBILDER[5]

(Karl Besemer)

Von Gott kann nur bildhaft geredet werden.
Das biblische Gebot, sich kein 'Bildnis' von Gott zu machen,
lehrt uns, sorgfältig und kritisch mit den eigenen und den uns
überlieferten Gottesbildern umzugehen.
Sowohl kindlich anerzogene als auch kirchlich
tradierte Gottesbilder haben immer nur
relative Bedeutung, dürfen also nicht absolut
gesetzt werden.

***

1.

Einleitende Vorbemerkung

1. „Du sollst dir kein Gottesbild machen, also keine Darstellung von etwas, was droben im Himmel, unten auf Erden oder im Wasser unter der Erde ist!" so lautet das zweite Gebot. 'Unvorstellbar!' höre ich eine Stimme in mir sagen: Jeder Mensch, der an die Personhaftigkeit Gottes glaubt, kommt doch nicht umhin, sich Gott in bildhafter und personhafter Weise vorzustellen, es sei denn, Gott sei lediglich ein abstraktes, undefinierbares „Es", eine kosmische Energie oder etwas dergleichen. Da man mit dem biblischen Gott aber *'per Du'* reden darf, kommt der christliche

---

[5] Vortrag in der Auferstehungskirche in Ludwigsburg

Glaube ohne Gottesbilder nicht aus. Im Alten- wie im Neuen Testament wird das Wesen Gottes in menschlichen Bildern zur Sprache gebracht, sei es als vortrefflicher König, als gewaltiger Heerführer, als tröstende Mutter, als fürsorgender Vater und dergleichen mehr.

Das Bilderverbot des Dekalogs, das im Islam wortwörtliche Beachtung findet - und das innerhalb der Christenheit immer wieder zu Bilderstürmen führte, verbietet es uns nicht, von Gott in bildhafter Weise zu reden, hat doch Jesus selbst mit besonderer Vorliebe in Gleichnissen von Gott gesprochen. Um aber der Versuchung zu widerstehen, einzelne Gottesbilder zu dogmatisieren, also Gott so ins Bild zu setzen, dass gesagt werden kann: 'Siehe, das ist dein Gott!' 'So ist er, nicht anders!' - um solches zu vermeiden, bedurfte es des biblischen Bilderverbots.

2. Einer der ersten Versuche, den Gott Israels bildhaft darzustellen, sein Wesen also auf eine seiner Eigenschaften zu fixieren und zu reduzieren, erfolgte beim Tanz um das „goldene Kalb", jenes Stierbild, in dem sinnbildlich die 'tierhafte' Mächtigkeit Jahwes dargestellt werden sollte.
Da Gott aber sich nicht nur als der Allmächtige offenbart, sondern zugleich auch als der Ohnmächtige, nicht nur als der Liebende, auch als der Richtende, nicht nur als der Begreifliche,

auch als der Unbegreifliche, ist es theologisch nicht statthaft, menschliche Gottesbilder absolut zu setzen. Es darf nicht nur die eine Seite Gottes auf Kosten der anderen zur Sprache gebracht werden. Von dem Gott der Bibel darf nicht in eindimensionaler Weise geredet werden, da dies seinem Wesen nicht entspräche. Weil er sowohl der nahe als auch der ferne Gott ist, müssen die Gottesbilder in ihrer Vieldeutigkeit respektiert, zugleich aber auch in ihrer Einseitigkeit relativiert werden.

I.

Kindliche Gottesbilder

Die Gottesbilder, die uns im Elternhaus, Kindergottesdienst, Konfirmandenunterricht und im Religionsunterricht eingeprägt worden sind, wirken sich oft prägend für das ganze Leben eines Menschen aus. Vor Jahren schrieb Tilman Moser sein Aufsehen erregendes Buch, das unter dem Titel „Gottesvergiftung" veröffentlicht wurde. Der Autor, ein Pfarrerssohn, schrieb sich dabei sein düsteres Gottesbild von der Seele, das er in seinem kirchlich geprägten Elternhaus vermittelt bekam. Er empfand es wie pures Gift für sein Leben, bedrückend und beängstigend. Wenn Gottesvorstellungen das Leben eines Menschen belasten, so dass er seines Lebens nicht mehr froh werden kann, dann ist in der religiösen Erziehung einiges schief gelaufen.

Ich war damals gerade sechs Jahre alt, als Nachbars Emma sich auf das Konfirmandenabendmahl vorbereitete.

„Mutter," fragte ich, „was geschieht, wenn Emma zum Abendmahl geht?" Sie antwortete: „Da vergibt ihr der Heiland alle Sünden!"

„Wenn sie aber gar keine Sünden hat", warf ich ein, „muss sie dann auch zum Abendmahl gehen?"

„Ei freilich!" bekam ich zur Antwort. „Denn es gibt nicht nur erkannte, sondern auch unerkannte Sünden!"

„In den Augen Gottes sind alle Menschen Sünder!"

Auch wenn ich die mütterliche Antwort nicht ganz begreifen konnte, so war doch mein kindliches Gemüt so sehr betroffen, dass ich spontan erwiderte: "Wenn es so ist, dann möchte ich noch so lange leben, bis auch ich zum Abendmahl gehen darf, um anschließend sündlos rein sterben zu können."

Später erfuhr ich, dass Kaiser Konstantin und andere Gläubige der frühkatholischen Kirche sich erst auf dem Sterbebett haben taufen lassen, um sündlos in die Ewigkeit einzugehen.
Zum Glück ist der Bub von damals bei dieser Vorstellung von Taufe, Abendmahl und Sündlosigkeit nicht stehen geblieben. Spätestens im Theologiestudium habe ich den weiten Horizont

der Gnade Gottes und auch den Trost des Evangeliums für mein ganzes Leben erkannt und erfahren.

II.

Kirchliche Gottesbilder

Am meisten beeindruckt und innerlich umgetrieben haben mich schon immer die Szenen vom Jüngsten Gericht, wie sie etwa am Tympanon, über dem Türsturz des Hauptportals mittelalterlicher Kathedralen, dargestellt sind. In der Mitte der Gerichtsszene thront bekanntlich der Pantokrator, dem alle Macht gegeben ist im Himmel und auf Erden. Zu seiner Rechten ziehen die Erlösten im Triumph ins himmlische Jerusalem ein. Zu seiner Linken lodert höllisches Feuer. Teufel zerren die Verdammten in den feurigen Pfuhl. - Schreckliche Bilder, die sich tief in meiner Seele eingeprägt haben. Immer wieder stelle ich mir die Frage, auf welcher Seite ich am Tage des Gerichts einmal stehen werde: Zur Linken oder zur Rechten? Bei den Geretteten oder den Verlorenen?

Womit kann ein Mensch sich trösten, wenn ihn solche schrecklichen Gottesbilder überkommen? - Gelegentlich träume ich von einem teuflischen Wesen, von dem ich verfolgt werde. Vermutlich handelt es sich dabei um Träume, die im Zusammenhang meines frühkindlichen Gottesbildes stehen, Träume, von denen ich glaubte, sie längst überwunden zu haben. Dennoch schlummern sie in mir.

Was kann dagegen getan werden? Bei Luther habe ich gelernt, den 'zürnenden' Gott mit dem 'gnädigen' Gott zu überwinden in dem Glauben, dass am Ende die Güte Gottes und nicht gnadenloser Zorn über uns siegen wird. Der biblische Glaube ermutigt uns, die Anfechtung im Vertrauen auf die Barmherzigkeit Gottes zu überwinden.

III.

Marcion

und dessen einseitiges Gottesbild

Immer wieder ist der Versuch unternommen worden, den zürnenden und den gnädigen Gott voneinander zu trennen, um so ohne Anfechtung glauben und leben zu können.

Einer der Ersten, der mit dem spannungsreichen Gottesbild der Bibel in Konflikt geriet, war der frühchristliche Theologe Marcion, der um 85 n Chr. geboren wurde, und der später eine eigene Kirche gründete, die man die „marcionitische" nennt. Aus seiner Heimatgemeinde wurde er als Irrlehrer ausgeschlossen. Im Jahr 144 wurde er vom damaligen Papst wegen seiner unbiblischen Gotteslehre exkommuniziert.

Marcion lehrte, der alttestamentliche Gott sei ein strafender Vergeltungsgott, der mit dem himmlischen Vater Jesu Christi nichts gemein habe. Er versuchte, das dialektische Gottesbild der Bibel aufzulösen, indem er den alttestamentlichen Gott vom neutestamentlichen unterschied. Beide Gottesbilder, so lehrte er, seien miteinander nicht vereinbar. Also verwarf er das gesamte Alte Testament und reinigte die Schriften des Neuen Testaments vom sogenannten jüdischen Gottesbild. Er entfernte sowohl das Matthäus- als auch das Markusevangelium aus der Bibel. Von den neutestamentlichen Briefen ließ er nur zehn bestehen, nicht ohne auch diese zuvor vom „Judengott" gereinigt zu haben.

IV.

Luthers Gottesverständnis

Ein kurzer Blick in die mittelalterliche Kirchengeschichte lehrt, dass zu jener Zeit die dialektische Spannung zwischen dem richtenden und gnädigen Gott durch Ablasspredigten unter Androhung von Höllen- und Fegefeuerstrafen mehr oder weniger in Auflösung begriffen war.

Als Johann Tetzel den Gläubigen seiner Zeit Ablassbriefe zur Verkürzung der Fegefeuerstrafen zum Kauf anbot, griff Martin Luther mit seinen 95 Thesen in die theologische Auseinandersetzung ein. Als junger Mönch war auch er noch der Meinung, der Mensch könne sich durch gute Werke und fromme Übungen das Heil der Seele erwerben. Als er dann aber begann, die Bibel aufmerksamer zu lesen, entdeckte er zu seiner inneren Freude und Entlastung, dass Gottes Heil ein bedingungsloses Geschenk an die Menschen ist, das jederzeit im Glauben ergriffen werden darf. Rückblickend äußerte sich Luther über seinen reformatorischen Wandel mit den bekannten Worten: *„Es ist wahr, ein frommer Mönch bin ich gewesen und habe meine Ordensregel so streng gehalten, dass ich sagen darf: Ist je ein Mönch in den Himmel gekommen durch Möncherei, so wollte ich auch hineingekommen sein. Das werden mir bezeugen alle Klostergesellen, die mich je gekannt haben. Denn ich hätte mich, wenn es noch länger gewährt hätte, zu Tode gemartert mit Wachen, Beten, Lesen und anderer Arbeit. "*

Obwohl Luther den Glauben an den gnädigen Gott als die zentrale Aussage des Evangeliums erkannte, entwickelte er daraus nicht eine quietistisch geprägte Glaubens- und Gottesvorstellung, wonach der Gläubige sich religiöser und politischer Aktivitäten zu enthalten habe, um in passiver Hingabe mit Gott ganz eins zu werden. Und wiewohl Luther die Gnade Gottes höher achtete als dessen Zorn, widerstand er doch der Versuchung, die Dialektik von „Gesetz" und „Evangelium", also die Spannung zwischen dem fordernden und schenkenden Gott aufzulösen. Wer von Gott redet, muss sich dessen bewusst sein, dass der biblische Gott unerforschlich und unbegreiflich ist, ein Gott, der sich nicht einfach dogmatisieren und ins Bild setzen lässt.

Für unser heutiges Gottesverständnis ergeben sich daraus u.a. folgende Überlegungen:

1. Es ist begrüßenswert, dass heute in der kirchlichen Verkündigung der Akzent wieder auf der Liebe Gottes liegt. Denn Gott ist die Liebe. Und wer von Gott redet, muss - ob er will oder nicht - von der Liebe reden.

Damit aber Gottes Liebe nicht missverstanden wird, gilt es folgendes zu bedenken: Die Liebe Gottes darf weder romantisch noch platonisch, weder philosophisch noch vulgär verstanden werden. Sie ist eine Liebe 'sui generis', einzigartig, einmalig, unüberbietbar! Sie ist zwar nicht gefühllos, erschöpft sich aber nicht in der Emotionalität, sondern bezieht auch den Verstand und Willen des Menschen mit ein. Sie liebt nicht nur, wenn sie selbst geliebt wird. Sie liebt auch dann, wenn sie selbst nicht geliebt wird. Sie sagt nicht Ja und Amen zu allem, was wir tun und lassen, sondern sie mischt sich ein. Gottes Liebe macht nicht blind. Sie öffnet die Augen für Recht und Gerechtigkeit, Frieden und Versöhnung, Menschlichkeit und Brüderlichkeit. Ihr protestierendes und zurechtweisendes Potential darf in der Verkündigung weder verschwiegen noch unterschätzt werden. Gottes Liebe besteht nicht im Nachgeben, sondern im Vergeben. Wer vergibt, vergibt sich nichts. Liebende leben von der Vergebung, ohne die das Leben verkümmern müsste. An dieser so gearteten Gottesliebe hat sich die christliche Nächstenliebe zu orientieren und jederzeit inspirieren zu lassen.

2. Es ist begrüßenswert, dass der Name Gottes innerhalb der Kirche nicht mehr so sehr als pädagogisches Zuchtmittel missbraucht wird, wie es früher der Fall war. Damals wurden die Kinder mit erhobenem Zeigefinger zu Recht und Ordnung erzogen. Damals drohte man mit Gott, wenn Widerspenstige aufsässig wurden. Damals herrschte das Gesetz, weniger das Evangelium. Man glaubte, den Menschen den Himmel auf Erden nahezubringen, indem man ihnen mit der Hölle drohte.

Dennoch ist heute zu bedenken, dass es im Evangelium nicht nur um den Himmel geht, sondern tatsächlich auch um die 'Hölle' und jene Menschen, die höllisch auf Erden zu leiden haben. *„Die Hölle, das ist der andere!"* so sagt bekanntlich Jean Paul Sartre. Himmel und Hölle sind im Leben also oft hautnah beisammen. Wer Menschen den Himmel auf Erden erschließen will, muss ihnen helfen, auch aus der 'Hölle' auf Erden herauszufinden. Schon das Alte Testament rühmt die Allgegenwärtigkeit Gottes im Himmel und auf Erden. So heißt es im Psalm 139:

„Von allen Seiten umgibst du mich und hältst deine Hand über mir. Wohin soll ich gehen vor deinem Geist, und wohin soll ich fliehen vor deinem Angesicht? Führe ich gen Himmel, so bist du da; bettete ich mich bei den Toten, siehe, so bist du auch da. Nähme ich Flügel der Morgenröte und bliebe am äußersten Meer, so würde auch dort deine Hand mich führen und deine Rechte mich halten."

Wer von Gott redet, kann nicht nur von der 'Himmelfahrt Christi' reden, sondern muss auch von seiner 'Höllenfahrt' sprechen. Dies umso mehr, als damit die unbeschreibliche und unbegreifliche Liebe Gottes zum Ausdruck gebracht wird; eine Liebe, die sich nicht fürchtet, in das Reich des Todes und des Teufels einzubrechen, um Menschen aus ihren Höllen- und Todesängsten zu befreien. Den Apostel Paulus hat dies zu ewigem Jubel veranlasst: *„Tod, wo ist dein Stachel? Hölle, wo ist dein Sieg? Gott aber sei Dank, der uns den Sieg gegeben hat durch unseren Herrn Christus Jesus!"*

3. Es ist begrüßenswert, dass in den Gottesdiensten heute nicht mehr nur abstrakt von Gott geredet wird, sondern auch konkret von seiner Gerechtigkeit auf Erden. Da Gottes Gerechtigkeit uns

aber nicht nach dem Munde redet, vielmehr sie unsere und aller Welt Ungerechtigkeiten aufdeckt, schärft sie uns auch den Blick für soziale Gerechtigkeit. Es entspricht nicht der Gerechtigkeit Gottes, wenn die Reichen heute immer reicher und die Armen immer ärmer werden! Es entspricht nicht der Gerechtigkeit Gottes, wenn innerhalb der Christenheit nur die Einen, nicht aber auch die Anderen gemeinsam zum Tisch des Herrn kommen dürfen, um miteinander das Mahl des Herrn zu feiern! Will der göttliche Gastgeber doch, dass sie - ungeachtet ihrer Tradition und Konfession - alle eins im Glauben sind!

Die erste Pflicht eines jeden Christen besteht nach den Worten Jesu darin, zuerst nach dem Reich Gottes und seiner Gerechtigkeit zu trachten. Wo das geschieht, dass wir es wenigstens buchstabieren lernen, die Welt mit den Augen Gottes zu betrachten, wird es uns gelingen, gemeinsam nach Wegen und Lösungen zu suchen, um soziale, religiöse und andere Missstände in Kirche, Staat und Gesellschaft zu beseitigen.

Unsere Gottesbilder müssen heute daraufhin hinterfragt und neu überprüft werden, ob sie der Gerechtigkeit Gottes noch entsprechen, oder ihr entgegen sind. Gott ist die Liebe. Die Liebe aber will auch soziale Gerechtigkeit und gleiches Recht für alle, Männer und Frauen, Geborene und Ungeborene, Lebende und Sterbende.

5.

WARUM DER TOD
NICHT DAS LETZTE WORT HAT[6]

(Karl Besemer)

Ob der Tod das Ende oder der Anfang eines
neuen Lebens ist, bewegt die Menschen seit eh und je.
Da aber noch nie ein Verstorbener leibhaftig vom Totenreich
zurückgekehrt ist, wird die Lehre von der Auferstehung
der Toten immer wieder angezweifelt.
Welche Botschaft enthält die biblische Geschichte
von der Auferweckung des Lazarus?

***

Eine fast unglaubliche Geschichte. Ein Toter kehrt ins Leben zurück. Er war nicht nur klinisch tot, er war ganz tot. Vier Tage zuvor hatte man ihn bestattet. Der Mann aus Nazareth rief ihn ins Leben zurück. Lazarus stieg aus dem Grab. Nicht als ein Totengespenst. Nein, leibhaftig. Alle Welt fragt sich, ob es sich dabei um eine wahre oder eine nur erfundene Geschichte handelt?

I.

Lazarus, ein guter Freund Jesu, liegt krank, todkrank danieder. Maria und Marta, seine Schwestern, schicken Boten zu Jesus mit der Bitte: „Komm eilend! Dein Freund liegt im Sterben!" Bei ei-

---
[6] Vortrag im Freundeskreis Evang. Erzieher in Württemberg, Hohegrete

ner solchen Nachricht pflegt der Mensch in der Regel alles liegen und stehen zu lassen. Aber statt sich umgehend auf den Weg ins Trauerhaus zu machen, verzögert Jesus sein Kommen. Wenig später ist Lazarus tot. Jesus kam der Tod des Freundes gerade gelegen. Selbst den Tod vor Augen, wollte er den Menschen ein letztes Mal ein Zeichen geben, dass er die Auferstehung und das Leben ist. Wer an ihn glaubt wird leben, auch wenn er stirbt. Glaubst du das?

Als Jesus schließlich unterwegs zum Haus des Freundes in Bethanien war, lief Marta ihm entgegen. Nur mit Mühe vermochte sie die Enttäuschung verbergen.

„Meister, warum so spät?
Wärest du hier gewesen, mein Bruder wäre nicht gestorben!
Warum hast du so lange gezögert?" -
„Dein Bruder wird auferstehen!"
„Ja, ja, am Jüngsten Tag".
„Nein, nicht am Jüngsten Tag, sondern jetzt und heute wird er auferstehen! Ich bin die Auferstehung und das Leben. Glaubst du das?"
„Ja, ich glaub's, aber...Warum hast du ihn sterben lassen?
Wärst du hier gewesen, mein Bruder wäre nicht gestorben!"

Je mehr die Klage im Leichenhaus überhand nahm, desto betrübter wurde Jesus. Der Totenkult rührte ihn zu Tränen. Dass aber der Tod das Leben so sehr verdrängt, bekümmerte ihn. Und er begann zu handeln:

„Wo habt ihr ihn hingelegt?" -

„Dort in die Höhle. Komm und sieh!"

„Hebt den Stein weg!"

Spricht Marta zu ihm:

„Herr, er stinkt schon, denn er liegt seit vier Tagen."

Nach jüdischem Glauben hält sich die Seele eines Menschen höchstens drei Tage in der Nähe des Leichnams auf. Ab dem vierten Tag besteht keine Hoffnung mehr auf Wiederbelebung. An diesem hoffnungslosen Tag rief Jesus mit lauter Stimme: „Lazarus, komm heraus!" Und der Verstorbene kam heraus.

Die Geschichte endet bemerkenswerterweise nicht mit einem spektakulären Interview, wie es heutige Journalisten mit dem vom Tod ins Leben zurückgekehrten Lazarus wohl geführt hätten.

Ohne ein Sterbenswörtlein zu sagen, verlässt Lazarus die Bühne des Geschehens. Denn nicht er steht im Mittelpunkt der Geschichte, auch nicht der Tod, sondern das Leben und der lebendige Christus, der dem Tod die Macht genommen hat.

Der mexikanische Maler Jose Clemente Orozco (1883-1949) hat die Lazarusgeschichte aus Johannes 11 während des Zweiten Weltkriegs, 1943, unter dem Eindruck von Not und Tod ins Bild gefasst. Voller Entsetzen reißen die Menschen die Augen auf und starren auf das Unglaubliche, was da geschieht. Der vorösterliche Jesus überragt alles an Größe. Als ruhender Pol steht er mitten in der unheilvollen Szene. Das Helle seines Gewandes neben dem vielen Dunkel symbolisieren Leben und Tod, Sterben und Auferstehen, Karfreitag und Ostern. Der Künstler überschrieb das Bild: „Lazarus, komm heraus!" Man könnte es auch so titulieren: „Christus, komm zu uns!"

Nach dem Bericht des Johannesevangeliums, war dies das letzte Wunder, das Jesus vollbrachte. Unter den Zeitgenossen Jesu löste es unterschiedliche Reaktionen aus. Etliche glaubten an ihn. Der Hohe Rat hingegen beschloss, ihn bei nächster Gelegenheit zu töten. Das „Hosianna" auf der einen und das „Kreuzige ihn" auf der andern Seite durchzieht das vierte Evangelium wie ein roter Faden. Am Anfang steht geschrieben, dass Jesus in sein Eigentum kam, die Seinen ihn aber nicht aufnahmen. (vgl. Joh. 1,11ff). Am Ende des Evangeliums gibt Johannes eine Deutung der geschehenen Wunder Jesu: „Diese sind als Zeichen geschehen und aufgeschrieben worden, damit ihr glaubt, dass Jesus der Christus, der Sohn Gottes ist." (Joh. 20,31). Nicht das Wunder als solches ist

Gegenstand des Glaubens, sondern Christus selbst, der dem Tod die Macht genommen hat.

II.

Umfragen haben ergeben, dass immer weniger Menschen an ein Leben nach dem Tod glauben. Viele meinen, mit dem Tod sei alles aus. „Klatscht in die Hände, denn die Komödie hat ein Ende!" soll ein römischer Dichter beim Herannahen seines Todes ausgerufen haben. Das Schwinden des Glaubens an die Auferstehung ist ein typisches Phänomen der Neuzeit. Das antike und mittelalterliche Weltbild war noch geprägt von einer horizontalen und einer vertikalen Dimension. Im Zeitalter der Moderne verlor die transzendentale Dimension an Bedeutung. Nachdem der Mensch sich selbst in den Mittelpunkt rückte, drängte man Gott an den Rand des Geschehens. Viele leben heute nur noch eindimensional, diesseitig, einseitig.

Erich Fromm wies schon in den Siebzigerjahren darauf hin, dass in der säkularen Welt „Haben" und „Sein" nicht mehr in einem ausgewogenen Verhältnis zueinander stehen. Das materialistisch-egoistische Denken, so stellt er fest, sei besessen vom „Haben", welches das „Sein" zu zerstören beginne. Anders ausgedrückt: Der Mensch lebt nicht von dem allein, was er hat und besitzt, sondern auch und besonders von dem, was er von anderen an Zuwendung, Liebe, Aufmerksamkeit und Zärtlichkeit empfängt.

Zur selben Zeit als Erich Fromm der westlichen Zivilisation und Konsumgesellschaft ins Gewissen redete, erhob der „Club of Rome" seine Stimme, indem er auf die verheerenden ökologischen Konsequenzen einer nur diesseitig und am Profit orientierten Gesellschaft hinwies. Die auf den Klimagipfeln immer dringlicher vorgebrachten Warnungen werden - nicht nur von den Vereinigten Staaten von Amerika - nur halbherzig zur Kenntnis genommen. Der Richterspruch lautet: „Was der Mensch sät, das wird er ernten!" Der Tod geht umher wie ein Gespenst. Fische verenden. Tierarten sterben. Pflanzen, die sich Jahrmillionen entwickelt und behauptet haben, verschwinden von der Bildfläche. Wo das Leben mit Füßen getreten wird, erhebt der Tod sein Haupt. Es ist zwar ein biblischer Grundsatz, dass alles sterben und vergehen wird. Aber Glaube, Hoffnung und Liebe, diese drei, werden bleiben, solange die Menschheit besteht.

Der Glaube hält an der vertikalen Dimension fest, die über das Vergängliche hinaus weist. Ob solcher Glaube, über sich hinausdenken zu können, dem Menschen in die Wiege gelegt wurde, mag eine Philosophenfrage sein. Fest steht jedoch, dass alle Menschen unaufhörlich auf der Suche sind nach unaufhörlicher Liebe, nach Sinn und Lebenserfüllung. Fest steht, dass das Leben an

Qualität verliert, wenn der Glaube verloren geht. Für das wahre Leben zählt mehr das Sein und weniger das Haben.

Zum Sein des Menschen gehört auch die Hoffnung. Die Nagelprobe der Hoffnung ist der Tod. Wer der Frage des Todes ausweicht, tut es oft, weil er keine Hoffnung hat. Wer mit dem Tod nicht zurecht kommt, wird auch mit dem Leben nicht zurechtkommen. Hoffnung, die das Leben beflügelt, geht durch den Tod hindurch. „Wer an mich glaubt, der wird leben, auch wenn er stirbt." Wahres Leben beginnt nicht erst nach dem Tod, sondern schon jetzt und heute. Auferstehen heißt: aufstehen, so oft ich gefallen bin. „Talitha kumi!" Mädchen steh auf, wenn du gefallen bist. Mann steh auf, wenn du niedergeschlagen bist! Frau steh auf, wenn du erniedrigt worden bist. Wer hoffen kann, dass die Liebe Gottes auch im Tode uns zur Seite steht, vermag aufzustehen, selbst wenn er siebenmal am Tag gefallen ist. Wer hoffen kann, wird aufrecht durchs Leben gehen. Denn Jesus ist gekommen, uns aufzurichten, nicht aber uns niederzudrücken.

Schließlich gehört auch die Liebe zu jenem Dreiklang. Die Liebe aber ist die größte unter ihnen. Es mag der Mensch die Welt vom einen Ende bis zum andern durchlaufen, die Höhen der Berge erklimmen und die Tiefen der Meere erforschen, so wird er aus dem Staunen über Gottes Schöpfermacht nicht heraus kommen. Und doch gibt es noch Schöneres und Beglückenderes als die Wunder

der Natur: Ich meine die Liebe. „Lieben und geliebt zu werden, ist das höchste Glück auf Erden!" Wohl wissend, dass Mutterliebe und Vaterliebe, Mannesliebe und Frauenliebe, oft an ihre Grenzen stoßen, so gilt doch die Verheißung, dass Gottes Liebe grenzenlos und unaufhörlich ist.

6.

MISSION
IN DER SACKGASSE? [7]

(Karl Besemer)

Zum Wesen der Kirche gehört es, „Botschafterin" Gottes
in der Welt zu sein. Wie der Botschafter eines Landes
dazu berufen ist, nicht seine eigenen Interessen, sondern die seines
Heimatlandes zu vertreten, so hat auch die Kirche in der Welt
nicht sich selbst zu predigen, sondern die Botschaft Jesu auszurichten..
Da die Welt von heute aber nicht mehr die von gestern ist,
auch die Kirche von heute nicht mehr die von vorgestern sein darf,
ist sie herausgefordert, die Botschaft des Evangeliums wegweisend
in die sich rapid verändernde Welt hineinzubuchstabieren.

***

I.

Mission nach dem Paradigmawechsel

Es spricht heute vieles dagegen, Mission in der Weise zu betreiben, wie sie in den letzten Jahrhunderten erfolgte. Damals geschah es aufgrund der Überzeugung, das Christentum sei die beste aller Religionen, was keineswegs bestritten werden soll. Doch eben diese Einstellung, unsere christliche Religion sei die beste, hatte zur Folge, dass Mission nicht selten als Kampfansage gegenüber fremden Religionen missverstanden wurde.

---

[7] Vortrag im Freundeskreis Evang. Erzieher in Württemberg, Hohegrete

Wie die Geschichte zeigt, scheuten unsere Vorfahren keine Opfer, fremde Religionen, insbesondere den Islam, vom christlichen Abendland mit allen Mitteln fernzuhalten. Karl Martell stoppte im Jahr 732 bei Tours und Poitiers in Südfrankreich den Vormarsch der Araber und rettete damit das christlichen Abendland vor einer drohenden Islamisierung.

Als im Jahr 1453 die Türken Byzanz, die östliche Bastion des christlichen Abendlands, eroberten und sie Konstantinopel zur Hauptstadt des Osmanenreichs machten, begann der Islam über die Balkanstaaten bis vor die Tore Wiens vorzudringen. In seiner Schrift „Vom Krieg wider die Türken" geißelte Luther die Religion Mohammeds mit harschen Worten. Allah nannte er einen Teufel. Die muslimische Religion bezeichnete er „eine Grundsuppe aller Greuel und Irrtümer". Papst Urban II., der im Jahr 1095 die Christenheit zum ersten Kreuzzug gegen den Islam aufrief, nannte die Muslime „gottlose Leute" und „verruchte Heiden." Ich erwähne es deshalb, um deutlich zu machen, dass der Absolutheitsanspruch des Christentums immer wieder zu blutigen Feindseligkeiten gegenüber dem Islam geführt hatte.

Als die Europäer fremde Länder und Kontinente mit oft entsetzlichem Blutvergießen eroberten und diese zu ihren Kolonien erklärten, geriet die christliche Mission ins Schlepptau der Kolonialmächte, wodurch sie sich dem Verdacht aussetzte, Komplizin der Imperatoren und Ausbeuter zu sein.

Seitdem Millionen von Ausländern mitten in Europa leben, begann sich das christliche Missionsverständnis in kirchlichen Kreisen langsam zu ändern. Die Opferbüchse mit dem nickenden Negerlein verschwand aus dem Kindergottesdienst. Zugleich verabschiedete man sich von der Vorstellung, die europäischen Kirchen seien die Gebenden und Bestimmenden, die Kirchen der Missionsgebiete hingegen die Bittenden und Empfangenden. Nicht nur das partnerschaftlich-ökumenische Verhältnis der Kirchen untereinander, sondern auch die Erkenntnis der Notwendigkeit eines interreligiösen Dialogs, wie er etwa von Papst Johannes Paul II., vom Ökumenischen Rat der Kirchen und nicht zuletzt auch von Professor Hans Küng praktiziert wird, sind angemessene Reaktionen im Blick auf den erfolgten Paradigmenwechsel unserer Zeit. Eine Religion, die nicht dem Frieden dient, verdient nicht Religion genannt zu werden. Diese Einsicht nötigt uns, das bisherige Missionsverständnis neu zu bedenken.

II.

Der biblische Missionsauftrag

Im Zeitalter der Medien und der globalen Internet-Verbindungen ist es nicht mehr möglich, Mission wie zu Zeiten der Apostel zu betreiben. Wie aber hat sie dann im Kontext heutiger Zeit zu erfolgen? Um die Frage beantworten zu können, müssen wir zuerst den biblischen Missionsauftrag bedenken.

1. Jesus, der selbst keine „Heidenmission" betrieb, setzte unübersehbare Fakten und Zeichen, an denen abgelesen werden kann, in welcher Dimension Mission stattzufinden hat. Der Tauf- und Missionsbefehl in Matthäus 28,18-20 lautet: „Mir ist gegeben alle Vollmacht im Himmel und auf Erden. Darum geht hin und macht zu Jüngern alle Völker, indem ihr sie tauft auf den Namen des Vaters und des Sohnes und des heiligen Geistes; und lehret sie halten alles, was ich euch gesagt habe. Und siehe, ich bin bei euch alle Tage bis an der Welt Ende."

Mission hat nicht darin ihren Sinn und Zweck, möglichst viele Menschen der Institution Kirche zuzuführen, was freilich ein durchaus legitimes und verstehbares kirchliches Interesse ist. Mission wird im Neuen Testament aber nicht mit kirchlichen und anderen Interessen begründet. Sie hat ausdrücklich im Namen der Vollmacht Jesu zu erfolgen, die ihm gegeben ist im Himmel und auf Erden. Christus allein ist es, zu dem die Menschen und Völker gewiesen werden sollen. Er allein ist es, der höchste Autorität zu beanspruchen hat, zumindest dort, wo es um das Heil des Menschen geht. Der Umkehrsatz lautet deshalb: Niemand in Staat und Kirche darf sich jene Autorität anmaßen, die allein dem gekreuzigten und auferstandenen Christus gebührt. Eine Feststellung, die sich alle Kirchen und Kleriker, alle Missionare und Evangelisten, alle Liberale und Evangelikale ins Stammbuch schreiben sollten! Christen - gleich welcher Kirche und Konfession sie angehören - haben nicht das Recht, den Herrgott in der Welt zu spielen. Kirche darf nicht zum Selbstzweck werden. Ihre Aufgabe besteht darin, Botschafterin des Reiches Gottes zu sein.

2. Kirche soll Menschen in die Nachfolge Jesu rufen! Wie soll das in unserer Zeit geschehen? Nach dem Matthäus-Evangelium soll es geschehen, indem die Getauften auf die Lehre Jesu zu verpflichten sind. Sofort erhebt sich die Frage, welches denn der zentrale Inhalt der Lehre Jesu ist? Nicht alles, was wir uns gegenseitig zur religiösen Pflicht machen, um als wahre Christen zu erscheinen, ist von Jesus autorisiert. Seine Verkündigung enthält weder einen Katalog dogmatischer Lehraussagen, noch sagt sie etwas darüber aus, wie Kirche zu strukturieren und zu organisieren sei. Jesus rief zwar Menschen in seine Nachfolge, er selbst aber hat die Kirche als Institution nicht gegründet. Sie entstand erst nach seiner Auferstehung von den Toten.

Jesus redete mit Vorliebe in Gleichnissen und einprägsamen kurzen Sätzen, so dass jeder verstehen und darüber nachdenken konnte, worauf es ihm ankommt. Beispiele dafür gibt es genug:

Liebe deinen Nächsten wie dich selbst! Sei demütig und nicht hochmütig! Diene dem Frieden, nicht dem Krieg! Handle wie der barmherzige Samariter! Wer der Größte unter euch sein will, der sei euer aller Diener! Wenn dich dein Auge zum Abfall verführt, so wirf's von dir! Es ist besser für dich, dass du einäugig ins Reich Gottes gehst, als dass du zwei Augen hast und wirst in die Hölle geworfen. Eher geht ein Kamel durch ein Nadelöhr, als dass ein Reicher ins Reich Gottes kommt! - Missionsanweisungen Jesu in prägnanter Kurzfassung.

3. Paulus, der mit Leib und Seele Missionar war, hat den missionarischen Auftrag theologisch so formuliert: „Wir sind Botschafter an Christi statt, denn Gott ermahnt durch uns; so bitten wir nun an Christi statt: Lasset euch versöhnen mit Gott!" Nicht wir haben Gott mit uns zu versöhnen, nein, er versöhnte uns mit sich selbst. Das ist der Kernsatz der Botschaft Jesu.

Da die Versöhnung aber nicht auf Kommando erfolgen kann, darf der missionarische Auftrag immer nur bittend, werbend und einladend wahrgenommen werden. Mission hat taktvoll, nicht machtvoll zu erfolgen. Sie soll überzeugend, nicht indoktrinierend sein. Sie soll mit Worten und mit Taten erfolgen.

III.

Wie missionarische Gemeinden
beschaffen sein müssen?

1.

Mission erfolgt, wie eben gesagt, nicht nur mit Worten. Paulus beschreibt die missionarische Existenz der Gemeinde mit einem eindrucksvollen Bild: „Ihr seid ein Brief Christi, nicht mit Tinte geschrieben, sondern mit dem Geist des lebendigen Gottes, nicht auf Steintafeln, sondern in den Herzen von Menschen." (2. Korinther 2,3). Was Gottes Geist in uns wirkt, sollte für alle Menschen an der Art und Weise, wie wir leben, deutlich ablesbar sein.

Wirft man jedoch einen kurzen Blick auf die Zustände der christlichen Gemeinde in Korinth, an die Paulus das Bild vom „Brief Christi" adressiert, dann möchte man ihm ins Wort fallen und sagen: 'Paulus, wie kannst du diese Gemeinde einen Brief Christi nennen? Du weißt doch am besten, welche Spannungen und Parteiungen es dort gegeben hat. Du weißt, wie in dieser Gemeinde gestritten und prozessiert wurde, ganz zu schweigen von den sexuellen Verfehlungen etlicher Christen.'-

Paulus würde darauf wohl so antworten: 'Es stimmt alles, was ihr sagt. Aber gerade diese Gemeinde, mit der man so wenig Staat machen kann, ist Gemeinde Jesu. Nirgendwo in der Welt gibt es fehlerfreie Gemeinden, sündlose Menschen. Alle haben sie Gutes und Böses aufzuweisen. Da ist keiner, der gerecht ist, auch nicht einer! Was mir aber an der korinthischen Gemeinde so erwähnens- und rühmenswert erscheint', würde Paulus sagen, 'sind ihre Vitalität und Spiritualität. Ihr mögt den Korinthern vorwerfen, was ihr wollt: Eine tote und verschlafene Gemeinde war es nicht! Bedenkt doch, wie viele Gnadengaben, Dienstleistungen und Ausprägungen von Frömmigkeit es in ihr gab. Damit will ich freilich nicht verschweigen, dass es in Korinth leider Gottes auch Rivalität, Rechthaberei und Besserwisserei gegeben hat; aber das ist doch in euren Gemeinden auch nicht anders.'

2.

Die wohl einfachste und überzeugendste Art, Mission zu betreiben, besteht darin, dass jeder tut, was er zu tun vermag. Der russische Schriftsteller Nikolaus Leskow erzählt in seiner Novelle „Der Gaukler Pamphalon" von einem Säulenheiligen, namens Hermius, der aufgefordert wird, sein Säulenheiligtum zu verlassen, um in die sündige Stadt Damaskus zu gehen. Daselbst werde er einen Gaukler treffen, dessen Name im Buch des Lebens geschrieben stehe. Verwundert befolgt der Säulenheilige den Auftrag und findet schließlich den Gaukler Pamphalon in einem anrüchigen Lokal, in dem er seine Spässe zum Besten gab.

Als der Säulenheilige die Frömmigkeit des Gauklers zu prüfen gedachte, bat er ihn ein Gebet zu sprechen, worauf dieser also betete: „Du, Gott, bist der Schöpfer, ich bin dein Geschöpf. Es ist nicht meines Amtes, dich verstehen zu wollen: Du hast mich in diesen ledernen Sack gesteckt und mich auf die Erde geschickt, damit ich hier mein Werk verrichte, und so krieche ich denn auf der Erde und mühe mich ab mit meiner Gauklerei. Manchmal möchte ich wohl wissen, warum alles so wunderlich geschaffen ist. Doch ich will mit dir über das alles nicht rechten. Ich will dir einfach gehorsam sein und nicht erst lange darüber nachgrübeln, was du wohl gedacht haben magst, sondern einfach das tun, was dein Finger in mein Herz geritzt hat." So bescheiden und überzeugend kann Mission sein.

Und dennoch scheint es in der pluralistischen Gesellschaft immer problematischer zu werden, zu missionieren, auch deshalb, weil Religion weithin zur Privatsache geworden ist. Vorbei sind die Zeiten, wo im Abendland das Christentum kollektiv geprägt und in der Öffentlichkeit gesellschaftlich eingebettet war. Vorbei scheinen die Zeiten, in denen die Alten den Jungen sagten, was es zu glauben gilt, und wie sich der Glaube auszudrücken hat. Vorbei sind die Zeiten, in denen Staat und Kirche das religiöse Bewusstsein der Gesellschaft geprägt und kontrolliert haben.

Nachdem heute jeder selbst bestimmen kann, was er glauben und nicht glauben will, muss auch die Kirche dies zur Kenntnis nehmen. Man ziehe daraus aber nicht den voreiligen Schluss, das Phänomen der zunehmenden Entkirchlichung sei ein Zeichen für das Dahinschwinden von Religion überhaupt. Auch wenn das religiöse Bewusstsein der Menschen sich geändert hat, so bleiben doch die Urfragen der Religionen bestehen. Zum Beispiel: Die Frage nach dem Woher und Wohin? Die Frage nach dem Leben und was nach dem Tod kommt? Die Frage wie man mit ungeborenem Leben und mit sterbenskranken alten Menschen umzugehen hat? Solange Menschen leben und sterben, sind solche Fragen nicht totzukriegen. Solange sie aber nicht mehr an die Kirche selbst gestellt werden, müssen Christen ihren Glauben so überzeugend und provokativ leben, dass andere wieder auf uns aufmerksam werden und fragen: Warum kümmert ihr Christen euch um die Probleme der Welt, wo ihr doch allen Grund hättet, euch um eure eigenen Probleme zu kümmern? Warum streckt ihr dort die Hand zur Versöhnung aus, wo alle Welt nach Vergeltung schreit? Warum kümmert ihr euch um den Dialog mit anderen Religionen, wo euch doch selbst die Leute davon laufen? Erst wenn solche und andere Fragen gestellt werden, ist die Stunde des Bekennens gekommen. Vorzeitiges Reden ist oft ebenso in den Wind geredet, wie zu spät erfolgtes Bekennen.

IV.

Der Dialog der Weltreligionen

Da weder die Religion des Judentums, des Christentums noch die des Islams aus der europäischen Geschichte wegzudenken sind, müssen Wege gesucht und gefunden werden, wie die drei monotheistischen Weltreligionen in Zukunft miteinander umzugehen haben. Da alle drei Religionen in der Vergangenheit sich gegenseitig beschimpft und blutig bekämpft haben, muss weiter geklärt werden, in welcher Weise Mission innerhalb der drei miteinander verwandten Religionen künftig erfolgen soll.

Man ist sich heute weithin darin einig, dass der Dialog zwischen Juden, Christen und Moslems der einzig gebotene Weg ist, aufeinander zuzugehen, sich gegenseitig besser zu verstehen und in Erfahrung zu bringen, was uns miteinander verbindet und was uns voneinander trennt. Ein solcher Dialog dient nicht nur der Wahrheitssuche, sondern auch der Stabilisierung des Friedens in der Welt. Da ein Dialog aber nur dann sinnvoll und fruchtbar ist, wenn auf allen Seiten die Bereitschaft besteht, aufeinander zu hören, wird es zunächst darum gehen, eine vertrauenswürdiges Gesprächsklima zu schaffen.

V.

Voraussetzungen
eines gelingenden interreligiösen Dialogs

1.

Die Grundvoraussetzung eines gelingenden Dialogs besteht in der Bereitschaft, den Andersgläubigen verstehen zu wollen, ihn aber auch lieben zu lernen. Wo dies geschieht, beginnen wir, den Missionsauftrag Jesu zu erfüllen. Sein Liebesgebot verpflichtet uns, an dem Glauben festzuhalten, dass Gott nicht nur den „christlichen" Teil der Welt liebt, sondern auch den Rest der Welt.

2.

Der Dialog darf unsererseits niemals beherrschend und rechthaberisch geführt werden. Denn die Liebe Gottes ist nicht herrschsüchtig, auch dort nicht, wo es um die Wahrheit geht. Wer die Wahrheit erkennen will, muss sie in der Liebe erkennen.

3.

Der Dialog setzt weiter die Erkenntnis voraus, dass der Glaube an Gott nicht einer uniformierten Weltkirche bedarf, der sich alle Religionen und Konfessionen einzugliedern haben. Vielmehr gilt es im Gespräch zu erkunden, ob es Einheit in der Vielfalt der Religionen gibt. Da dies zu bejahen ist, muss dem Verbindenden mehr Aufmerksamkeit gewidmet werden als dem, was uns religiös voneinander trennt. Alle Religionen sind verpflichtet, Verantwortung für den Frieden zu übernehmen und diesen im Dialog mit anderen einzuüben. Zu einer realistischen Einschätzung des interreligiösen Dialogs gehört es freilich auch, die historische Bedingtheit der verschiedenen Religionen und Kulturen grundsätzlich zu akzeptieren, diese jedoch nicht in absolutistischer Weise als unfehlbar zu deklarieren.

4.

Der Dialog muss offen und ehrlich geführt werden. Niemand darf dabei jenem populär gewordenen Harmoniebedürfnis erliegen, als würden alle Religionen an denselben Gott glauben. Die vorhandenen Unterschiede im Gottesbild und Menschenbild müssen ertragen und ausgetragen werden. Auch innerhalb der Religionen gibt es den „garstigen" Graben, der nicht zu überbrücken ist.

5.

Der interreligiöse Dialog darf nicht hinter verschlossenen Türen stattfinden. Er muss in aller Offenheit und Öffentlichkeit ausgetragen werden. Letztlich geht es dabei nicht nur um den Frieden, sondern auch um die Erkenntnis der Wahrheit Gottes, wozu auch andere Religionen ihre Beiträge einzubringen haben. Schließlich geht es im interreligiösen Dialog auch darum, sich seines eigenen Glaubens zu vergewissern, ohne dadurch intolerant zu werden. Wer Religion aus dem öffentlichen Leben verbannt haben möchte, entzieht den Menschen den Nährboden, auf dem menschenwürdiges Leben sich entwickeln kann.

„Die Missachtung der Religion
führt zur Missachtung der menschlichen Pflichten."
(J.J. Rousseau)

II. Teil

GESTALTEN
DEUTSCHER
GEISTESGESCHICHTE

7.

JOHANNES BRENZ
UND HERZOG CHRISTOPH

Das Württembergische Schul- und Bildungswesen
(Kirchenordnung von 1559)[8]

(Karl Besemer)

Nach den für das deutsche Bildungswesen so negativen Ergebnissen
der Pisastudie, die vor einiger Zeit veröffentlicht wurden,
geriet das deutsche Schulwesen wieder einmal in die Schlagzeilen.
Dies sollte auch zum Anlass genommen werden, nicht nur
über die Zukunft des deutschen Schulwesens gründlich
nachzudenken, sondern auch über die Wurzeln
und die Entstehung des Schul- und Bildungswesens
im Zeitalter der Reformation in Württemberg.

***

Es gehört meines Erachtens zur Allgemeinbildung eines württembergischen Lehrers, über die Neugestaltung des Schul- und Bildungswesens Bescheid zu wissen, wie sie von Johannes Brenz und Herzog Christoph anlässlich der Einführung der Reformation in Württemberg vorgenommen wurde. Die Reformation in Deutschland entzündete sich an der Frage, ob der Mensch durch fromme Werke vor Gott gerecht werde - oder allein durch den Glauben an Gottes Gnade? Die Reformatoren stellten es nie in

---

[8] Vortrag für Schulräte und Schulleiter, Ludwigsburg

Abrede, dass der Mensch durch Gottes Wort zu Werken der Liebe und Barmherzigkeit aufgerufen ist. Sie bestanden aber darauf, dass die „guten Werke" nicht der eigenen Rechtfertigung dienen, sondern allein zum Dienst am Nächsten zu erfolgen haben. Wer Gottes unverdiente Gnade empfängt, übernimmt Verantwortung für seine Mitmenschen

In der Reformationszeit wurde diese Verantwortung wahrgenommen in dem Versuch, die Landeskinder durch eine entsprechende Schul- und Bildungspolitik für Staat und Kirche mündig zu machen. Das Herzogtum Württemberg war unter allen Herzog- und Fürstentümern darin vorbildlich, wie die obersten Vertreter des Staates und der Kirche in kooperativer Weise das neue Schulwesen aufbauten. Auch wenn die Kirche durch die später erfolgte Aufklärung und Demokratisierung ihre Monopolstellung in der Gesellschaft verlor, hat sie doch auf Jahrhunderte das württembergische Schulwesen geprägt.

I.

Das reformatorische Verständnis
von Staat und Kirche in Württemberg

Im Gegensatz zum reformatorischen Schulwesen, das vollkommen kirchlich geprägt war, steht das heutige Schulwesen gemäß Artikel 7 des Grundgesetzes unter der Aufsicht des Staates. Den Religionsgemeinschaften wird jedoch eingeräumt, an den öffentlichen Schulen „in Übereinstimmung mit den Grundsätzen der Religionsgemeinschaften" Religionsunterricht zu erteilen. Obwohl Staat und Kirche getrennt sind, haben sich die beiden großen Kirchen bereit erklärt, sich am Bildungs- und Erziehungsauftrag der Schule durch den Religionsunterricht zu beteiligen, der als ordentliches Lehrfach ausgewiesen ist. Auch wenn der Staat sich „religionsneutral" zu verhalten hat, ist er doch durch die Präambel des Grundgesetzes verpflichtet: „Im Bewusstsein seiner Verantwortung vor Gott und den Menschen (...) dem Frieden der Welt zu dienen." Es bestehen also durchaus noch Reste jenes reformatorischen Grundprinzips, wonach Staat und Kirche Verantwortung tragen, die Jugend in der Verantwortung vor Gott und den Menschen zu erziehen.

Staat und Kirche waren im reformatorischen Zeitalter monarchisch und hierarchisch verfasst. In der Vorrede zur „Großen Kirchenordnung" aus dem Jahre 1559 erklärt Herzog Christoph, wie er sein obrigkeitliches Amt versteht. Die seinerzeit schon vorhandene Vorstellung, die weltliche Obrigkeit habe sich nur um irdische und weltliche Dinge zu kümmern, wurde von Herzog Christoph nicht geteilt. Er war ebenso wie Johannes Brenz zutiefst davon überzeugt, dass jede weltliche Obrigkeit von Gott eingesetzt sei und ihr deshalb vor allem anderen die Aufgabe zukomme, für das Seelenheil der ihm untertanen Landeskinder mitverantwortlich zu sein. Ich zitiere: „Wie wir uns denn vor Gott schuldig erkennen und wohl wissen, dass wir unser weltliches Amt und unseren Beruf vor Gott dem Allmächtigen zu verantworten haben, und deshalb vor allen anderen Dingen uns zuerst und vor allem die uns untergebenen Menschen mit der reinen Lehre des heiligen Evangeliums zu versorgen, uns also der Kirche Christi mit Ernst und Eifer anzunehmen haben, und erst dann und daneben nützliche Ordnungen und Regiment zum zeitlichen Frieden, Ruhe, Einigkeit und Wohlfahrt anzustellen und zu erhalten haben. (...). Aus diesem Grunde haben wir die vorliegende (Kirchen-) Ordnung in Druck gegeben, um damit öffentlich zu bezeugen, dass alle und jede Sekten und Opiniones (Meinungen), welche der Augsburgischen Konfession zuwider sind, uns ganz und gar missfallen, und dass wir diese in unserem Herzogtum nicht gestatten, sondern - so viel an uns ist - ihnen mit Ernst zu wehren und sie abzuschaffen geneigt sind."

Um die Einführung der Reformation besser verstehen zu können, bedarf es einer Erklärung jenes so dezidiert christlichen Amtsverständnisses. Brenz und Christoph bekannten sich zu dem mittelalterlichen Obrigkeitsverständnis, wonach Regenten „von Gottes Gnaden" das Volk zu regieren haben. Demnach haben weltliche und kirchliche Obrigkeit die Aufgabe, die Untertanen „zu dem

Wort Gottes zu ziehen", wie es bereits Herzog Ulrich in seiner Visitationsordnung vom Jahr 1547 formulierte.

Wie sehr Herzog Christoph die „reine Lehre des Evangeliums" am Herzen lag, ist daran zu erkennen, dass er testamentarisch festlegte, dass der beim Augsburger Religionsfrieden (1555) vereinbarte Grundsatz, wonach der jeweilige Landesfürst die Religion seiner Untertanen zu bestimmen hat, in der weiteren Geschichte Württembergs keine Anwendung finden dürfe. Württemberg soll, so verfügte er, auch in Zukunft evangelisch-lutherisch bleiben. Als mit Herzog Karl Alexander 1773 ein zur katholischen Kirche konvertierter Fürst in Stuttgart Regent wurde, verzichtete dieser aus freien Stücken auf die Ausübung seiner kirchlichen Hoheitsrechte, auch Bischof der Kirche zu sein.

Ein tiefer Einschnitt in das landeskirchliche System Württembergs erfolgte zu Anfang des 19. Jahrhunderts, als durch neue Landerwerbungen geschlossene katholische Gebiete zu Württemberg kamen. Nachdem König Friedrich außer der lutherischen Kirche in Württemberg auch die katholische und reformierte Kirche staatlich anerkannte, war die Einheit von Staat und evangelische Kirche zerbrochen. Fortan übte der württembergische König das Bischofsamt nur noch über die Evangelische Landeskirche aus. Wilhelm II., der letzte König von Württemberg, übte das Bischofsamt in der Gestalt eines Kirchenpräsidenten aus, wodurch den religiösen Gruppen innerhalb der Kirche größere Spielräume eingeräumt wurden. Gemäß der Verfassung der Weimarer Republik wurde die Trennung von Staat und Kirche vollzogen und damit die jahrhundertelange Verflechtung beider Institutionen aufgelöst, über deren Vor- und Nachteile man immer noch trefflich streiten mag.

Historisch betrachtet, verdankt die württ. Landeskirche ihre Struktur und Kirchenordnung jenem glücklichen Umstand, dass der Reformator Johannes Brenz und Herzog Christoph in Glaubensfragen eines Sinnes waren. Die enge Kooperation führte dazu, dass die Württembergische Landeskirche verstaatlicht und der Staat verkirchlicht wurde. Das leitende Bischofsamt stand, wie schon gesagt, dem Landesherrn zu. Als solcher hatte er die neue Kirchenordnung, die Gottesdienstordnung und das Kirchengesangbuch herauszugeben, das neue Schulwesen zu organisieren, sowie die Besoldung der Lehrer- und Pfarrerschaft vorzunehmen. Bis zum Jahr 1743 wurde die württ. Regierung auf die „Große Kirchenordnung" von Herzog Christoph verpflichtet. Das Kirchengesetz nahm den Rang einer staatlichen Verfassung ein. Unverkennbar ist, dass auf diesem Weg auch in Württemberg eine problematische Obrigkeitstheologie und ein Kirchenwesen sich entwickelte, das zentralistische Züge trug. Der reformatorische

Grundgedanke vom „Priestertum aller Gläubigen" konnte sich in der staatlich verfassten und gelenkten Kirche nur mit Mühe durchsetzen.

II.
Das durch die Reformation entwickelte
Schul- und Bildungswesen

1.

Das vorreformatorische Schulwesen

Dass es schon vor der Reformation ein kirchliches Schul- und Bildungswesen gab, ist hinreichend bekannt. Die ersten Bildungszentren waren die Klöster, in denen der geistliche Nachwuchs der Kirche herangebildet wurde. Typisch für dieses mittelalterliche Bildungssystem war das Entstehen einer Zweiklassengesellschaft. Auf der einen Seite befanden sich die Privilegierten, die sich schulisch bilden lassen konnten, um ein kirchliches oder staatliches Amt anzustreben. Auf der anderen Seite waren das gemeine Volk, die „Illiterati", die Analphabeten. Der wesentliche Pfeiler der Bildung in den Klöstern bestand im Erlernen der lateinischen Grammatik. Erst mit dem Aufkommen der Stadtkulturen in der späten Stauferzeit entstanden die „Stadtschulen". Auch diese Schulen waren Lateinschulen, auf welchen die Schüler auf den geistlichen Beruf vorbereitet wurden. Zu Beginn der Reformation waren es vor allem die freien Reichsstädte, die über herausragende Schulen verfügten, die sich in ihrem Bildungsangebot an der Tübinger Universität orientierten.

Einen neuen Impuls erfuhr das Bildungswesen durch das Aufkommen des Humanismus, der weithin auch die reformatorische Bewegung geprägt hatte. Während der Humanismus sich dem klassischen Altertum verpflichtet sah, suchte die Reformation die Erneuerung der Kirche und Gesellschaft durch das Wort der Heiligen Schrift, die man nun in der hebräischen und griechischen Ursprache zu studieren und ins Deutsche zu übersetzen begann.

Besonders in den Reichsstädten stieß die Reformation auf eine für ihr Anliegen aufgeschlossene Bürgerschicht. Einzelne Pfarrer und Prädikanten sorgten dafür, dass die neue Lehre auf die Tagesordnung der Bürgermeister, Stadträte und Stadtschreiber kam. So waren es vor allem die Reichsstädte, die mit der Einführung der Reformation Katechismen erstellten, die zur Unterweisung der Jugend, zum Gebrauch bei häuslichen Andachten und auch zur Erziehung der Kinder in der Schule als Lese- und Schreibstoff gedacht waren.

Johannes Brenz schreibt in seiner 1527 herausgebrachten Kirchenordnung für Schwäbisch Hall: „Die Ehre Gottes und der 'gemeine Nutzen' erfordern gut erzogene Kinder. Denn die Jugend ist der höchste Schatz einer Bürgerschaft. Ein redlicher und frommer Bürger kann zuzeiten einem Staat mehr nützen als hundert Büchsen. Es ist daher töricht, soviel Sorge und Geld zum

Beispiel für die Stadtbefestigung aufzuwenden und dafür die Jugend, die die wahre Mauer der Stadt ist, zu kurz kommen zu lassen."

Ähnlich hat sich auch Martin Luther geäußert. In seinem Sendschreiben „An die Ratsherren aller Städte deutschen Landes, dass sie christliche Schulen einrichten und halten sollen, 1524 „ begründet Luther seine reformatorische Bildungspolitik im wesentlichen mit drei Argumenten:

* Nachdem die Klöster im Zuge der Reformation weithin in Auflösung begriffen waren, drohte das mittelalterliche Schulsystem in sich zusammenzubrechen. Dieses entstehende Vakuum musste mit einem neuen Bildungsangebot ausgefüllt werden.

* Ein zweiter Grund, weshalb die Reformatoren schulpolitisch tätig wurden, war die zunehmende sittliche Verrohung der Jugend. In seinem Sendschreiben klagt Luther: „O wehe der Welt immer und ewiglich. Da werden täglich Kinder geboren, die unter uns aufwachsen - und ist doch leider niemand da, der sich des armen jungen Volkes annähme und es regiere. Man lässt es eben gehen, wie es geht." Das weithin korrupte Regiment der Fürsten geißelt Luther mit harten Worten: „Es muss doch das weltliche Regiment bestehen bleiben. Soll man es denn zulassen, dass Grobiane und Flegel regieren, so man es doch bessern könnte! Aber man lässt es

eben gewähren, dass sie immer mehr wie Wölfe und Schweine regieren, und die sich über die erheben, die nicht nachdenken und sich nicht dagegen wehren, wie sie von ihrer Obrigkeit regiert werden. Es ist eine menschliche Bosheit, wenn man nicht weiter denkt denn also: wir wollen jetzt regieren; was geht es uns an, wie es denen in Zukunft ergehen werde, die nach uns kommen. Nicht über Menschen, sondern über Säue und Hunde sollten solche Leute regieren, die nicht mehr als ihren eigenen Nutzen und ihre Ehr im Regieren suchen."

* Seine Vorstellung über ein neues Schulwesen begründet Luther mit seiner Überzeugung, dass reformatorische Verantwortung nicht nur die geistlichen, sondern auch die weltlichen Bereiche umfasse. Denn Gottes ist die ganze Welt. Nach Luthers Meinung „wären dies die besten Schulen, die für beide, Knaben und Mägdlein, an allen Orten errichtet würden, damit die Welt und ihr weltlicher Stand auf diese Weise erhalten werden könnte. Um dies zu gewährleisten, bedarf es feiner und geschickter Männer und Frauen. So dass die Männer wohl regieren können Land und Leute, und die Frauen wohl erziehen und erhalten können Haus, Kinder und Gesinde. (...). Deshalb geht es darum, dass man Knäblein und Mägdlein dazu recht lehre und erziehe." Die Reformatoren strebten bereits die allgemeine Schulpflicht an, sowohl für Jungen als auch für Mädchen.

2.

Das in der Reformation in Württemberg
eingeführte Schulwesen

Es gab, wie eben erwähnt, mehrere Gründe, weshalb die Reformatoren auf ein grundlegend neues Schulsystem drängten. Ein
weiteres Argument war die Kindertaufe, die die Verpflichtung
enthält, den Getauften eine am Evangelium ausgerichtete Erziehung zu gewähren, und die Erkenntnis, durch das Evangelium
mündige Christen heranzubilden. Voraussetzung dazu war, dass
die Menschen die Bibel in ihrer eigenen Muttersprache lesen und
hören können. Dies ist der Grund, weshalb Gottesdienst und
Schulunterricht in deutscher Sprache gehalten wurden, ja, mit der
Errichtung von „Teutschen Schulen" begonnen wurde.

In der Großen Kirchenordnung sind sowohl die Konzeption als
auch der organisatorische Aufbau des neuen Schulwesens zu-
sammengefasst. Wie wichtig den Reformatoren das Bildungs-
und Erziehungswesen war, zeigt sich schon rein äußerlich daran,
dass das Schul- und Bildungswesen den weitaus größten Teil der
Kirchenordnung einnimmt.

Die Württembergische Große Kirchenordnung lässt deutlich erkennen, dass in der Reformationszeit der Grund gelegt wurde für
eine Art kontinuierlicher Volks- und kirchliche Erwachsenenbil-

dung. Der Unterricht an den „Volksschulen" war auf Lesen und Schreiben und das Erlernen des Katechismus und der Kirchenlieder ausgerichtet. Die Schulmeister der „Teutschen Schulen" wurden per Kirchenordnung angewiesen: „die Rute gebührlich zu gebrauchen, die Kinder nicht an den Haaren zu ziehen oder an den Kopf zu schlagen. Sollte der Lehrer die Schüler bestrafen müssen, soll dies nicht zur Abschreckung, sondern zur Besserung der Schüler erfolgen." Die Schulaufsicht oblag dem Ortsgeistlichen, der wöchentlich, zumindest aber vierzehntägig, „unversehens, doch zu gelegener Zeit sich in der Schule verfügen (soll), um zu sehen, wie sich der Schulmeister gegenüber der Schuljugend in seiner Lehre und Pädagogik verhalte." Jeder Lehrer, der sich um eine Stelle bewarb, musste sich einer Prüfung durch die Kirchenräte in Stuttgart unterziehen. War in der Gemeinde kein Schulmeister vorhanden, musste der Unterricht vorübergehend vom Mesner gehalten werden.

3.

Die Kloster- und Lateinschulen

Diese beiden Schularten dienten damals der Vorbereitung begabter Schüler auf das Studium an der Universität. Die in Auflösung begriffenen Klöster wurden weithin in evang. Klosterschulen umgewidmet, um daselbst begabten Landeskindern das Studium der Theologie im Tübinger Stift zu ermöglichen. Der Beruf eines Pfarrers stand grundsätzlich jedem offen, unabhängig von den finanziellen und sozialen Verhältnissen seiner Familie. Von den Klosterschulen bestehen heute nur noch die Seminare Maulbronn und Blaubeuren.

Neben den Klosterschulen gab es auch noch die „Lateinschulen", die den Schülern ebenfalls den Weg zur Universität ermöglichten. Der Besuch der Lateinschulen war allerdings nur den Kindern wohlhabender Eltern vorbehalten. Ausgebaute Lateinschulen mit vier oder fünf Klassen bestanden nur im Stuttgarter Pädagogium und in Tübingen. Ähnlich der mittelalterlichen Klosterschule war die Unterrichtssprache Latein. In der 4. und 5. Klasse begann der Unterricht in Griechisch, Dialektik und Rhetorik. Weithin wurden im Unterricht humanistisch verfasste Lehrbücher verwendet, darunter auch die griechische Grammatik von Philipp Melanchthon. Auch der Unterricht an den Lateinschulen war gleich den „Teutschen Schulen" auf das gottesdienstliche Leben ausgerichtet.

Sollten Sie mehr über die Reformation in Württemberg wissen wollen, empfehlen wir ihnen das unten angegebene Buch über Johannes Brenz.[9]

---

[9] Hans-Friedrich Bächtle/Karl Besemer, Johannes Brenz. Leben und Werk. Erbschaften und Erblasten der Reformation in Württemberg, Ludwig Stark Verlag Bietigheim, ISBN 3-925617-52-3

8.

DAVID FRIEDRICH STRAUSS

unliebsamer Theologe aus Ludwigsburg[10]

(Karl Besemer)

Die Frage, ob Jesus von Nazareth Gottes Sohn sei,
und ob dies historisch beweisbar sei, beschäftigte
David Friedrich Strauß, den Ludwigsburger Theologen
des 19. Jahrhunderts, sein Leben lang. Seine persönliche
Antwort auf diese Frage stellte er der Öffentlichkeit
in seinem zweibändigen Werk vor, das den Titel trägt:
„Das Leben Jesu kritisch betrachtet."
Strauß vertritt darin die These: Jesus sei nicht
Gottes Sohn gewesen, sondern die Urchristenheit
habe ihm fälschlicherweise diesen Ehrentitel zugelegt.
Die damaligen Frommen des Landes empörten sich
und schalten ihn einen 'Judas Ischariot'.
Die Kirchenleitung enthob ihn seines Amtes.
Heute jedoch stellt sich die Frage, ob Strauß nicht doch
richtige Fragen gestellt hat ungeachtet dessen,
ob seine Antworten richtig oder falsch waren?

.***

1.

Wer war David Friedrich Strauß?

Adolph Kohut, einer seiner Biographen, schrieb zu Beginn des
20. Jahrhunderts, „dass man David Friedrich Strauß gelesen ha-

---

[10] Vortrag vor der Pfarrerschaft in Besigheim

ben müsse, um so manches Rätsel der Menschheit und der Welt zu begreifen und zu lösen, und dass es als ein unerlässliches Gebot der Erziehung und Bildung erscheine, sich mit der Lebens- und Weltanschauung dieses klassischen Denkers und Erziehers näher vertraut zu machen." - Heute, hundert Jahre später, fragt kaum jemand mehr nach diesem „klassischen Denker" und dem rebellischen Kritiker und Theologen aus Ludwigsburg. Die Stuttgarter Kirchenbehörde setzte schon zu seinen Lebzeiten alles daran, ihn mundtot zu machen. Bereits zehn Jahre vor seinem Tod, legte Strauß testamentarisch fest, dass er einmal weder prunkvoll noch kirchlich bestattet werden wolle. Als er dann am 8. Februar 1874 verschied, wurde er zwei Tage später in einem schlichten tannenen Sarg, ohne Glockengeläut und auch ohne kirchliche Mitwirkung im Kreise seiner Freunde und Verehrer an der Mauer des Ludwigsburger Friedhofs zur letzten Ruhe gebettet. Im württembergischen Pfarrkalender, der an jedem Tag prominenter kirchlicher Persönlichkeiten gedenkt, wird Strauß mit keiner Silbe erwähnt. Er war ein von der Kirche geächteter Theologe, und er scheint es bis heute zu sein. Wenigstens hat ihm sein Freundeskreis ein stattliches Denkmal im Ludwigsburger Schlossgarten gesetzt, das auch heute noch an den mutigen und umstrittenen Theologen aus Ludwigsburg erinnert.

Werfen wir zuerst einen Blick auf den Menschen David Friedrich Strauß. Es gibt nur wenige Fotografien, die uns ein Bild von seiner äußeren Erscheinung vermitteln. Das bekannteste, das in Büchern, die über ihn geschrieben wurden, zu finden ist, ziert die Gedenktafel seines Geburtshauses und die Statue im „Blühenden Barock" in Ludwigsburg. Bild und Porträt zeigen einen sympathischen jungen Mann, mit vornehmen Gesichtsausdruck und nachdenklich sinnenden Augen. Strauß war kein oberflächlicher, sondern ein durchgeistigter Mensch.

Am 27. Januar wurde er in Ludwigsburg geboren. Wie er selbst berichtet, erlebte er eine sorglose Kindheit im Hause seiner Eltern. Seine Mutter war eine Pfarrerstochter aus dem benachbarten Neckarweihingen. Da ihre Eltern früh verstarben, wuchs sie bei Verwandten auf. Eine höhere Schulbildung blieb ihr versagt. Später heiratete sie einen Ludwigsburger Kaufmann, dessen sehnlichster Wunsch es war, einmal Pfarrer zu werden, der sich ihm aber nicht erfüllte. Die Eltern, die aus dem Hohenlohischen nach Ludwigsburg zogen, machten ihn zum Kaufmann. Er wirtschaftete das väterliche Geschäft herunter bis an den Rand des Bankrotts. Seine Hobbys waren die Bienenzucht und Baumkultur. Anfänglich hatte Strauß eine gute Beziehung zu seinem Vater und ein herzliches Verhältnis zur Mutter. In einem seiner frühesten

Gedichte vom „Lindenbaum" schildert er die häusliche Atmo-
sphäre:

O Lindenduft, o Lindenbaum,
Ihr mahnt mich wie ein Kindheitstraum.
Wie ich euch immer finde.
Die Linde lieb' ich überaus;
Es stand ja meines Vaters Haus
Im Schatten einer Linde.

Im Sommer, wenn die Linden blüh'n,
Wie denn die Bienchen sich bemühn
Und saugen so geschwinde.
Mein Vater liebte die Bienen sehr,
Drum ist mir noch vom Vater her
Ein heil'ger Baum die Linde.

Im Lindenschatten schmeckt der Wein,
Und schmeckt ein Küsschen doppelt fein
Von einem schönen Kinde.
Dem Vater bring ich dieses Glas,
Der auch nicht gerne trocken saß
im Schatten einer Linde.

Als im März 1839 seine Mutter verstarb, schrieb Strauß die folgenden Verse:

Du musstest sterben, Mutter, ich muss leben;
Ach, warum hast du mich nicht mitgenommen?

So schlief ich, aller Erdenqual entnommen,
An deiner Seite, kühl gelegt und eben.
Nun leb' ich, und nur eins ward mir gegeben:
War ich in Nächten schlaflos und beklommen,
Darf oft, eh' noch im Osten Licht entglommen,
Dein Bild in leichtem Traume mich umschweben.
O süßer Wahn, fahr' fort, mich zu betören,
Die Mutter wiedersehn, sie reden hören! -
Doch muss auch diese Wonne schwarz sich färben.
Ach, ihre letzten Leidensstunden haben
Zu tief sich in diesem Herzen eingegraben:
Ich seh' sie auch im Traum nur immer - sterben.

Die Verse, die er seiner Mutter widmete, lassen erkennen, wie sehr er die Mutter geliebt hat, aber auch, dass er selbst in eine Lebenskrise geriet, von der später noch die Rede sein wird. Nach dem Besuch der Lateinschule in Ludwigsburg, wo er sich als ein hoch begabter Schüler erwies, meldete ihn sein Rektor im theologischen Seminar in Blaubeuren an mit der Bemerkung, dass aus David einmal etwas Besonderes werden würde. In Tübingen studierte er Theologie und Philosophie als einer, der damals zu der bekannten Geniepromotion zählte.

Während seines Studiums beteiligte er sich an einer Preisfrage der katholischen Fakultät Tübingen über die Frage der „Auferstehung des Fleisches". Strauß gewann den Wettbewerb. Im Nachhinein schrieb er: „Ich bewies exegetisch und naturphilosophisch mit voller Überzeugung die Auferstehung der Toten, und als ich das letzte Punktum machte, war mir klar, dass an der ganzen Geschichte nichts sei."

2.

Ende der Karriere

Zunächst schien nach außen kein Anlass zu bestehen, als würde Strauß der herkömmlichen Theologie den Rücken kehren. Nach seinem herausragenden Examen wurde er Vikar in Kleingartach. Die Gemeinde schätzte ihn als einen hervorragenden Prediger und Seelsorger. Bevor er Stiftsrepetent in Tübingen wurde, reiste er nach Berlin, um dort Hegel und Schleiermacher zu hören. In Tübingen füllte er die Hörsäle und war ein allseits geschätzter Theologe. Während seiner Repetentenzeit schrieb er in den Jahren 1835 und 1836 sein zweibändiges Buch: „Das Leben Jesu kritisch bearbeitet", das ihn schlagartig zum berühmtesten und berüchtigten Theologen Deutschlands machte. Die Württembergische Kirchenleitung und das Ministerium enthoben ihn seines kirchlichen Amtes. Ein Sturm der Empörung ging durchs Land. Die Pietisten nannten ihn einen „Judas Ischariot". Strauß wurde auf eine Lehrerstelle an der Ludwigsburger Lateinschule abgeschoben. Vater und Mutter waren fassungslos und zutiefst verärgert über ihren Sohn.

Am 3. August 1835 schrieb seine Mutter ihm folgenden empörten Brief nach Tübingen: „Nach Deinem lieben Schreiben worin Du anzeigst, dass Du vom Studienrat (Oberkirchenrat) Erlaubnis bekommen hast, bis Herbst noch in Tübingen zu privatisieren, und dann aber Deine Stelle hier anzutreten, nun frage ich Dich privatim, denn mit dem Vater ist noch nicht zu sprechen Wo willst Du Dich hier ansiedeln, bei uns oder wo? Der Vater ist bis heute noch auf keinen Heuwagen hinaufzukriegen, so dass ich mit ihm keine Silbe mehr von Dir sprechen kann, weil er's übertreibt. Ich bin ganz falsch und könnte Dich prügeln, dass Du auf Deine Gefahr hin mit einer solchen Ansicht herausrückst, die andere klug genug, dass es ihnen nicht schadet, im Versteck behalten, da Du aber das Werk vollendet in der redlichen Absicht, so hoffe ich, die Welt werde sich mit Dir mit der Zeit wieder aussöhnen; dass Du Dich in der Lage, die Du Dir selbst bereitet hast, geduldig fügst, ist das allerklügste."

Sein „Leben Jesu" führte zum endgültigen Bruch mit seinem Vater. Die Mutter, zwar auch entsetzt, stand aber treu zu ihrem Sohn. Kaum hatte er den Dienst an der Ludwigsburger Lateinschule angetreten, quittierte er ihn, weil er meinte, zum Schulmeister nicht geeignet zu sein. Strauß zieht nach Stuttgart und beginnt mit seinem Schicksal zu hadern. Trotz vieler Bittgänge und Bittschreiben gelingt es ihm nicht, wieder in Amt und Würden zu kommen. Als dann ein kleiner Silberstreif am Horizont sich auftat, und er 1839 eine Professur in Zürich erhielt, liefen die Konservativen der Schweiz Sturm gegen ihn und erreichten damit, dass der Rat der Stadt ihn seines Amtes enthob, so dass er bis an seines Lebens Ende berufslos blieb.

3.

Von einer Enttäuschung zur anderen

In Stuttgart lernte Strauß die Opernsängerin Agnes Schebest kennen, die ihn mit ihrem Gesang und ihrer theatralischen Begabung faszinierte. Der etwas weltfremde und introvertierte Theologe verliebte sich in die allseits umschwärmte Künstlerin und unterbreitete ihr einen Heiratsantrag.

Der Bruder und viele seiner Freunde hatten triftige Gründe, ihm dringend von der Heirat abzuraten. Doch Strauß war unbelehrbar. Am 30. August 1842 fand die Hochzeit in der Dorfkirche zu Horkheim bei Heilbronn statt. Sein Studienfreund Rapp nahm die Trauung vor, Justinus Kerner zählte zu den Hochzeitsgästen.

Kaum aber war die Trauung besiegelt, schrieb Strauß an seinen Bruder, einem Zuckerfabrikanten in Köln, dass er nicht übermäßig glücklich sei. Agnes und er seien doch grundverschieden. Die zwei Kinder, die ihnen geboren wurden, vermochten den Zerbruch der Ehe nicht verhindern. Vier Jahre nach der Hochzeit wurde die Trennung vollzogen. Agnes zog mit den beiden Kindern, einem Sohn und einer Tochter, nach Stuttgart.

Für Strauß begann nun eine ruhelose und heimatlose Zeit. Er zog von einer Stadt zur andern. Vorübergehend widmete er sich der Politik. Ludwigsburger Bürger nominierten ihn als Kandidat für das Frankfurter Parlament. Um seinen Einzug zu verhindern, stellten die Pietisten des Landkreises einen Gegenkandidaten auf, der dem „gottlosen" Theologen die politische Karriere verdarb. Strauß gelang es jedoch in den Stuttgarter Landtag gewählt zu werden. Da aber der politisch konservativ denkende Strauß sich mit den Sozialdemokraten und den politischen Revolutionären seiner Zeit nicht verstand, gab er sein Mandat wenig später wieder auf und verzichtete auf Diäten und finanzielle Abfindung. Danach verfasste er Biographien über Ulrich von Hutten, Christian Schubart und schrieb lyrische Gedichte. Immer fühlte er sich zur Theologie hingezogen. Die theologischen Hauptwerke seines Schaffens tragen folgende Titel: Nach der Veröffentlichung seines „Leben Jesu" publizierte er 1840/1841 „Die christliche Glaubenslehre in ihrer geschichtlichen Entwicklung und in ihrem Kampf gegen die moderne Wissenschaft." Mit diesem Werk erteilte er eine deutliche Absage sowohl an die Bibel als verbindliche Grundlage des christlichen Glaubens als auch an das Dogma der Kirche. 1864 veröffentlichte er das „Leben Jesu für das deutsche Volk verfasst". Ein Jahr später erfolgte die Abrechnung mit der liberalen Theologie des Protestantismus unter dem Titel „Die Halben und die Ganzen". Mit seinem zuletzt veröffentlichten Werk: „Der alte und der neue Glaube", das 1872 erschien, verdarb es David David Friedrich Strauß vollends mit allen Lagern der Theologie. Wie sehr er selbst unter seinem Leben litt, drückte er in einem Gedicht vom Jahr 1848 aus:

Ich wollte reisen, nun verreis' ich nicht,

Doch ob ich bleiben werde, weiß ich nicht.

Dass hier ich in der Fremde bin, ist sicher:

Wo meine Heimat sei, das weiß ich nicht.

Ich mein, ich hatt' einmal zwei liebe Kinder:

Ob dies nicht bloß ein Traum sei, weiß ich nicht.

Ein Weib verstieß ich; ob zu Hass die Liebe,

Ob Liebe zu Hass wurde, weiß ich nicht.

Sie sagen, Bücher hätt' ich einst geschrieben:

Ob's Wahrheit oder Spott ist, weiß ich nicht.

Nie hab' ich vor dem Tode mich gefürchtet:

Ob ich nicht längst gestorben, weiß ich nicht.

Als Strauß am 8. Februar 1874 nach schwerem Leiden starb, hielt ihm sein Freund Gustav Binder die Grabrede, die er mit den Worten beschloss: „Ruhe sanft, lieber Freund, ruhe sanft, dein Volk wird deiner eingedenk sein, und die Jugend deines Volkes wird dich nicht vergessen." Die Pietisten empörten sich über die Leichenrede und ließen im Schwäbischen Merkur folgende Erklärung, versehen mit 214 Unterschriften, abdrucken: „Nach dem Schwäbischen Merkur vom 12. Februar hat am Grab des Dr. Strauß, dieses entschiedenen Gottesgegners, Herr Direktor von Binder, der an der Spitze unseres gelehrten Schulwesens und auch der Behörde steht, eine Rede zur Verherrlichung dieses Mannes gehalten und mit folgenden Worten geschlossen: 'das deutsche Volk wird deiner eingedenk sein, die deutsche Jugend wird dich nicht vergessen.' Wir finden uns in unserem Gewissen gedrungen, zu erklären, dass durch solches Auftreten dem christlichen Bewusstsein unseres Volkes ein schwerer Anstoß gegeben wird, und machen auch darauf aufmerksam, dass die Straußischen Lehren schließlich auf die Zerstörung der einzig wahren Grundlagen von Staat, Familie und Sittlichkeit hinführen und folglich nur dem Sozialismus in die Hände arbeiten. Wir bleiben bei dem apostolischen Worte: Wer den Sohn Gottes hat, der hat das Leben; wer den Sohn Gottes nicht hat, der hat das Leben nicht." Diese Presseerklärung wurde von Prälat Kapff angestiftet, um damit Strauß über seinen Tod hinaus zu ächten.

4.

Was Strauß gelehrt und theologisch vertreten hat

Um ihn besser verstehen zu können, muss bedacht werden, in welcher Zeit er lebte. Er stand dem aufgeklärten Geist seiner Zeit nahe. Er war begeistert vom technisch-wissenschaftlichen Fortschritt. Er war einer der wenigen, die versuchten, die biblische Botschaft im Lichte der Aufklärung neu zu buchstabieren. Er strebte in Fragen des Glaubens intellektuelle Redlichkeit an. Was Strauß in seiner ersten Ausgabe des „Leben Jesu" entwickelte, muss im Kontext der damals erblühenden historischen Forschung gesehen werden. Er war nicht der erste und auch nicht der letzte Theologe, der den Versuch unternahm, das Leben Jesu aus historischer Sicht zu schreiben. Etliche vor ihm und viele nach ihm unternahmen den Versuch, herauszufinden, wie glaubwürdig die historischen Grundlagen des biblischen Glaubens sind. Die Frage nach dem historischen Jesus brach im 19. Jahrhundert auf, als man begann, die kirchlich-dogmatische Lehre auf ihre Historizität hin zu hinterfragen. Man studierte biblische und außerbiblische Quellen. Man hinterfragte das mythische Weltbild der Bibel. Man scheute sich nicht, alles, was in der Kirche gelehrt und geglaubt wird, zu hinterfragen und in Frage zu stellen. Viele Theologen des 18. und 19. Jahrhunderts unternahmen den Versuch, die biblischen Geschichten rationalistisch zu erklären, Wunder Jesu anzuzweifeln, die Trinitätslehre zu leugnen, die Jungfrauengeburt in Frage zu stellen und anderes mehr. Strauß wäre wohl kein Haar gekrümmt worden, hätte er sein „Leben Jesu" in der Weise geschrieben, dass er aus Gründen der Vernunft und der historischen Erkenntnisse den einen oder anderen Glaubenssatz der Kirche in Frage gestellt hätte. Nun aber hatte er in seinem „Leben Jesu" zu beweisen versucht, dass die Geschichten Jesu historisch nicht zu begründen und zu beweisen seien. Für Strauß ist alles, was im Neuen Testament über Jesus berichtet wird, angefangen von der Jungfrauengeburt bis zu seiner Auferstehung, von der Himmelfahrt bis zur Wiederkunft, Mythenbildung, um damit der Nachwelt den Beweis zu erbringen, dass Jesus Gottes Sohn gewesen sei. Für Strauß ist Jesus ein gewöhnlicher Mensch gewesen, der selbst nie den Anspruch erhoben habe, Gottes Sohn zu sein.

An diesem Punkt stellt sich die Frage, worauf der Glaube sich denn dann verlassen soll, wenn alles nur Mythos ist? Strauß blieb seinen Zeitgenossen die Antwort auf diese Frage schuldig. Es ehrt ihn zwar, dass er immer wieder betonte, mit seinen Schriften niemandes Glauben verunsichern zu wollen. Schließlich habe er nur für sich selbst und diejenigen zur Feder gegriffen, die als aufgeklärte Menschen mit dem christlichen Glaubens nichts mehr anzufangen wissen. Man muss es Strauß zum Vorwurf machen, dass er mit seiner destruktiven Theologie den Kirchenfernen seiner Zeit keine religiöse Alternative hat aufweisen können. So betrachtet ist seine Theologie keine Theologie.

Was Strauß aber über seine Zeit hinaus so bedeutsam und bedenkenswert macht, sind nicht seine Antworten, sondern die kritischen Fragen, die er gestellt hat. Karl Barth, der in seinem Buch „Protestantische Theologie des 19. Jahrhunderts" scharf mit Strauß ins Gericht gegangen ist, schreibt am Schluss seiner Ausführungen: „Die Theologie hat seit Strauß viel und vielerlei darum herumgeredet, was doch mehr ein Zeugnis dafür war, dass sie seine Fragen nicht gehört hat. Viele haben Strauß bis auf diesen Tag nicht überwunden, sondern sind nur an ihm vorbeigegangen und sagen bis auf diesen Tag dauernd Dinge, die, wenn Strauß nicht zu überwinden ist, nicht mehr gesagt werden dürften. (...). Man muss die von D.Fr. Strauß aufgeworfene Frage lieben, um sie zu verstehen. Sie ist nur von wenigen geliebt, sie ist von den meisten gefürchtet worden. Insofern bedeutet der Name Strauß mit dem Namen Feuerbach zusammen das böse Gewissen der neueren Theologie. Insofern hatte Strauß vielleicht nicht einmal unrecht, wenn er sein erstes „Leben Jesu" ein 'inspiriertes Buch' nannte Und dass man Strauß nicht zum Theologieprofessor machte, sondern ihn selbstgerecht und also unberuhigt *extra muros* verbannte, das ist insofern in der Tat schließlich doch ein Skandal gewesen. (...). Die rechte Theologie beginnt genau dort, wo die von Strauß und Feuerbach aufgedeckten Nöte gesehen und dann zum Gelächter geworden sind. So „liebt" man nämlich solche Männer und ihre Fragen! (...). Wo das aber nicht der Fall ist, da durfte und da darf David Friedrich Strauß auf keinen Fall pensioniert werden."

III. Teil

LESEPREDIGTEN
für Gläubige und Ungläubige

9.

AUCH GOTT IST LERNFÄHIG [11]

(Heidrun Besemer-Grütter)

Heute hören wir von einem menschlichen Gott, einem Gott, der die Fähigkeit besitzt, Irrtümer einzusehen, Fehler zu korrigieren und sich eines Besseren belehren zu lassen. Seit Abrahams Zeiten gibt es diesen Gott: Ein Gott, mit dem man rechten kann und streiten darf. Wissen Sie es noch, wie Abraham mit seinem Gott feilschte, um Sodoms Untergang abzuwenden? „Und wenn ich hundert Gerechte in Sodom finde, oder fünfzig, oder nur zehn: Lässt du die Stadt dann auch untergehen?" Gott wäre bereit gewesen, sich umstimmen zu lassen!

Viele Geschichten des Alten Testaments erzählen von dem manchmal unbegreiflichen Gott. Jona wirft ihm seine Wendigkeit und Beweglichkeit geradezu vor: Ich wusste es ja, dass du dich an dein Drohwort über Ninive nicht halten würdest! Du bist ein wankelmütiger Gott. Du hast eine Sintflut über die Menschheit kommen lassen, hernach aber reute es dich. Du, Gott, bist so ganz anders, als Menschen es sich vorgestellt haben. Gott im Himmel, wie groß ist denn deine Allmacht?

---

[11] Ansprache zum Weltgebetstag der Frauen in St. Verena, Lindau

In unserem Predigttext begegnen wir einem anderen Gott, einem, der bereit ist, seinen Irrtum zu korrigieren. Hören wir die Geschichte von der kanaanitischen Frau: Matthäus 15,21-28:

„Jesus verließ die Gegend und ging über die Grenze in das Gebiet von Tyrus und Sidon. Eine kanaanitische Frau, die dort wohnte, kam zu ihm und rief: 'Herr, du Sohn Davids', hab Mitleid mit mir! Meine Tochter wird von einem bösen Geist sehr geplagt.' Aber Jesus gab ihr keine Antwort. Schließlich drängten ihn die Jünger: 'Sieh zu, dass du sie loswirst; sie schreit ja hinter uns her!' Aber Jesus sagte: 'Ich bin nur zu den verlorenen Schafen aus dem Volk Israel gesandt worden.'
Da warf die Frau sich vor Jesus nieder und sagte: 'Hilf mir doch, Herr!' Er antwortete: 'Es ist nicht recht, den Kindern das Brot wegzunehmen und es den Hunden vorzuwerfen 'Gewiss, Herr,' sagte sie; 'aber die Hunde bekommen doch wenigstens die Brotkrumen, die vom Tisch ihrer Herren herunterfallen'. Da sagte Jesus zu ihr: 'Du hast ein großes Vertrauen, Frau! Was du willst, soll geschehen.' Im selben Augenblick wurde ihre Tochter gesund.“[12]

Jesus begegnet uns in diesem Text zunächst so, wie wir ihn alle lieben; als ein sensibler feinfühliger Mensch, der sich dem Theologengezänk der Pharisäer entzieht. Er zieht sich in den Norden des Landes zurück. Er braucht Ruhe. Distanz. Eine Auszeit zum Nachdenken. Stille.

Aber sie wird ihm nicht gegönnt. Eine Frau stört ihn. Sie tritt schreiend ihm entgegen. Er kann ihr nicht ausweichen. Er kann sie nicht überhören. Penetrant und dreist stellt sie sich ihm in den Weg.

Jesus gerät unversehens ins Dilemma mit seiner eigenen Botschaft. Bisher wollte er den Menschen den souveränen Gott nahebringen. Einen barmherzig liebenden Gott, der sich über die Gesetzesenge des jüdischen Glaubens hinwegsetzt. Einen Gott, für den der Mensch im Mittelpunkt des Denkens und Handelns steht. Nun aber begegnen wir in dieser Geschichte einem ganz anderen Jesus. Er erscheint der Frau gegenüber unbarmherzig, mitleidlos, stur.

Ich bin nicht zuständig, sagt er. Ich bin nicht für dich zuständig. - Ein harter Satz! Wie oft hören ihn Menschen in unserem Land, wenn sie auf unsere Ämter angewiesen sind, um ein Wohnrecht, ein Asylrecht oder eine Arbeitserlaubnis in Deutschland zu bekommen. Ich bin nicht zuständig, geh woanders hin. Jesus dreht sich weg. Er ignoriert die Frau, die ihn um Erbarmen für ihre Tochter anfleht. Er tut, als höre er sie nicht. Er stellt sich stumm. Stur. Ich bin nur für die Kinder Israels zuständig. Nur dem Volk Gottes wende ich meine Energie und Liebe zu. Nur für *meine*

---

[12] Matthäus 15,21-28 zit. nach „Gute Nachricht erklärt"

Gruppe, *meine* Familie, *meine* Gemeinde bin ich zuständig. Geh woanders hin mit deinen Sorgen, zu einem anderen Pfarrer, zu einem anderen Amt, zu einem anderen Heiler.

Ein solcher Jesus befremdet uns. Aber auch Jesus ist ein Kind seiner Zeit. Als Jude ist auch er nicht frei von Vorurteilen gegenüber den Kanaanitern; jenen Ureinwohnern Israels, mit denen es ja schon immer Zoff gab. Jesus scheint die Verzweiflung und den Schmerz der Frau noch nicht zu begreifen, die sich ihm schutzlos, ohne männliche Begleitung ausliefert. Für eine orientalische Frau ein völlig atypisches Verhalten. Dreist, laut, hartnäckig tritt sie ihm entgegen. Vielleicht ist sie ihm auch viel zu nahe gekommen, ohne die gebotene Distanz zu wahren. Zuviel Energie, zuviel Druck gingen von ihr aus. Eine Powerfrau, vor der Männer auch heute noch Angst haben. So manche Frau weiß ein Lied davon zu singen.

Vielleicht wusste Jesus keinen anderen Weg sich ihrer zu erwehren, als sie zu demütigen, sie zu verletzen. Mit verachteten, streunenden Hunden vergleicht er sie. „Es ist nicht fein," sagt er, „dass man den Kindern ihr Brot wegnimmt und werfe es den Hunden vor!" Das heißt doch: Es ist nicht gut, wenn ich, Jesus, meine Liebe und Energie an dich verschwende und verzettle, die du aus einem anderen Volk, einer anderen Gemeinde, einer anderen Gruppe kommst. Anders gesagt: Ich bin nur für das Volk Israel da. Alles andere geht mich nichts an. So lässt Jesus die Frau, tief verletzt, stehen.

Wie würden wir auf so eine Verletzung reagieren? - Vielleicht würden wir voller Wut sagen: Typisch Mann. Typisch Macho. Typisch Platzhirsch. Zorn und Wut, Hass und Verachtung wäre eine der möglichen Antworten. Resignation, Rückzug, Entmutigung die andere, heutzutage die häufigere Reaktion. „Ich will nicht verantwortlich gemacht werden für deine Tränen, deine Verzweiflung, deine schlaflosen Nächte und deine Sehnsucht nach Liebe." Wer so einen Brief bekommt, ist schockiert, verstummt. Welche Frau hat da noch den Mut weiter zu kämpfen, weiter zu hoffen, weiter zu lieben? - Die Kränkung ist zu groß. Die Verzweiflung lähmt. Die Demütigung entmutigt. Aber die kanaanitische Frau macht es anders. Sie lässt sich nicht abwimmeln! „Trotzdem essen die Hunde von den Brosamen der Reichen!" hält sie Jesus entgegen. Die Verzweiflung über die Krankheit ihrer Tochter fordert die Frau zu ungeahnter Kraft heraus. Sie überschreitet Grenzen. Einfach unmöglich, wie sie sich benimmt. Einen fremden Mann öffentlich ansprechen, ja, ihn förmlich anschreien, ist bis heute für Frauen ein ungebührliches Verhalten. Nein, es ist nicht das sanfte Kyrieeleison unserer Gottesdienste, womit sie Jesus um Erbarmen bittet. Sie schreit es ihm förmlich ins Gesicht: „Herr, hab doch Erbarmen mit mir!" Jedes Mittel ist ihr recht, um auf ihre Not, die Krankheit ihrer Tochter, aufmerksam zu machen. Gegen alle Widerstände: sie gibt nicht auf. Und es hat sich gelohnt. Der Glaube an die grenzenlose Güte Gottes überwindet alle von Menschen gesetzte Grenzen.

Es hat sich gelohnt, das eigene Gesicht nicht zu verbergen.

Es hat sich gelohnt, ein Ziel zu verfolgen.

Es hat sich gelohnt, hartnäckig zu bleiben.

Es hat sich gelohnt, die Hoffnung nicht aufzugeben.

Und Jesus ließ sich bewegen. Er selbst erlebt eine Wende in seinem Glauben. Jetzt begreift er seine Mission ganz neu. Durch den grenzüberschreitenden Glauben jener Frau kann auch er plötzlich grenzenlos lieben. Er erkennt die Weite und Größe seiner Botschaft: Das Heil Gottes ist für alle Menschen da. Es ist in so reichlichem Maß vorhanden, dass alle an ihm teilhaben können, ohne Unterschied von Rasse, Religion und Klasse. Auch noch die kleinste Pfütze spiegelt den Himmel wieder. Daran hielt sich die Frau. Und durch diesen unerschütterlichen Glauben hatte sie Jesus das Herz geöffnet. Sie brachte ihn zum Nachdenken. Zum Umdenken. Sie ermutigte ihn, sein Missionsverständnis neu zu definieren.

So erlebte die Frau, dass die Fähigkeit nicht aufzugeben, nicht nur belästigend ist, sondern auch zu einem neuen Gottesverständnis führen kann. Sie erlebt einen Gott, der die Fähigkeit besitzt, sich selbst zu wandeln, seinen Irrtum einzusehen, ihn zu korrigieren. Und sie empfängt dafür nicht nur eine milde Gabe, sondern jenes Krümelchen, um das sie bat: Ihre Tochter wurde geheilt. So fand auch die Mutter zu einem neuen Selbstverständnis. Nun weiß sie, die eigenen Bedürfnisse zu äußern, sie notfalls hinauszuschreien, wenn die Not der Seele zu groß ist. Nun weiß sie aber auch, dass es bei Gott nicht anstößig ist, so penetrant zu bitten.

Es mag sein, dass man auf diese Weise Freunde verliert, die sich darüber mokieren und sagen: Zu emanzipiert, zu stolz, zu eigenwillig, zu laut, zu egoistisch, zu marktschreierisch, zu sehr aus dem Fenster gehängt und dergleichen mehr.
Offenheit macht verletzlich. Das ist der Preis, der zu zahlen ist. Aber Offenheit ist die einzige Chance, sich selbst die Barmherzigkeit, das Lebensnotwendige zu verschaffen; jenes Brot zum Leben, jenes Krümelchen zum Heil.

10.

ERNTEDANKFEST

DAS SAFTIGSTE ALLER KIRCHENFESTE[13]

Die Erde ist voller Güter, jedenfalls in Deutschland, speziell im Bodenseeraum. In diesem Jahr wird zum ersten Mal am kirchlichen Feiertag, dem Erntedankfest, auch der „Tag der Regionen" begangen, d.h. Kirche und Welt rücken zusammen und nehmen gemeinsam die bäuerliche Wirtschaft im Nahbereich in den Blick. Dabei geht es um die *Wirtschaft der kurzen Wege,* um den Abbau der sinnlosen Transporte der gleichen Produkte wie Butter und Milch von Norden nach Süden und umgekehrt. Nicht die Kiwis aus Italien und die kalifornischen Weintrauben machen eine Stadt lebenswert, sondern ein intaktes Umland, die Vermarktung regionaler Produkte in unmittelbarer Umgebung.

Deshalb liegt es nahe, dass wir uns heute nicht mit Bananen aus Israel beschäftigen, sondern mit Gottes Spuren in unserem eigenen Garten, dem Apfel.

„Danket dem Herrn, denn er ist freundlich und seine Güte währet ewiglich."

Der Apfel, eine pralle, süße Versuchung, schon seit Urzeiten, wie wir es aus der Paradiesesgeschichte kennen.

---

[13] Erntedank-Meditation in St. Stephan in Lindau

Die Apfelernte in Lindau in diesem Jahr ließ kaum Wünsche offen: Von Unwetter und Hagel blieb Lindau verschont. Der Apfel steht für gute Ernte, für Gesundheit und Fülle. So können wir uns freuen, können Gott dankbar sein für so viel Fülle. Wir können Apfelfeste feiern mit Apfelküchlein, Most und vielen anderen Apfelleckereien. Sogar ein Apfelschiff fährt täglich über den Bodensee. Ja, so ein Apfel hat es in sich. Zu mancherlei Phantasien hat er mich angeregt. Davon möchte ich ein bisschen erzählen. (Äpfel werden im Gottesdienst ausgeteilt).

Nehmen wir unseren Apfel in die Hand und lassen ihn auf uns wirken. Äußerlich gesehen ist so ein Apfel ein wichtiger Vitaminspender; er beseitigt Hungergefühle ohne zu belasten. Äpfel essen ist gesund, hält schlank und fit und ist als Zwischenmahlzeit sehr beliebt. Wir schauen ihn von allen Seiten an, nehmen Spuren seines Werdens wahr, atmen seinen Duft, nehmen uns Zeit für dieses Wunderding der Schöpfung.

Wenn wir aber so einen Apfel innerlich, mit dem hinter die Dinge schauenden Blick, betrachten, dann können uns noch ganz andere Dinge aufgehen. Schauen heißt: verweilen können vor diesem wunderbaren Ertrag eines langen Wachsens.

Bilder steigen in uns auf. Wir stellen uns einen schönen Frühlingstag vor: Da steht ein Apfelbaum in seiner Blütenpracht, saugt die Sonnenstrahlen in sich ein. Die weißroten Blütenblätter öffnen sich für Hundertschaften emsiger Bienen, darüber der samtene blaue Frühlingshimmel. Darunter das üppige Gras der Wiese, saftstrotzend; manchmal mit abertausenden von kleinen Sonnen, dem Löwenzahn, umgeben.

Die Bilder des Apfelbaums reihen sich aneinander. Nicht nur Sonnentage, auch sturmgepeitschte Apriltage, Hagel, Schnee, Frost, alles muss durchgestanden werden. Unglaublich mühsam wird aus dem kleinen Fruchtknoten am knorrigen alten Ast allmählich eine Frucht: Klein, grün, hart; aber immer reifer werdend. Der Weg des Apfelbaums: trotzen, wachsen, gefährdet sein, reif werden.

Reifen - Ziel nur des Apfellebens?

Wenn wir - so nach innen schauend - immer mehr uns dem Wesen des Apfels nähern, kann uns der Apfel zum Symbol für die Ganzheit alles Lebendigen werden. Das Leben: ein ewiger Prozess zwischen Werden und Vergehen, ein sich immer wiederholender Kreislauf von Wachsen und Reifen, von Sonne und Regen, von Licht und Finsternis, von Tag und Nacht.

Und wenn wir jetzt einmal ein Messer nehmen und den Apfel quer aufschneiden, nicht längs wie wir es üblicherweise tun, entdecken wir einen Stern inmitten des Apfels. Ein fünfstrahliger Stern im Kerngehäuse der Frucht. Wenn wir ganz genau hinschauen, können wir noch zehn Pünktchen entdecken. Wem fällt da nicht das alte Kinderlied ein: „In einem kleinen Apfel, da sieht es lustig aus, es sind darin fünf Kämmerlein grad wie in einem Haus."

Eine große Ordnung empfängt uns inmitten des Apfels. Eine wunderbare Regelmäßigkeit: Nur fünf Kammern, nicht vier und auch nicht sechs. Warum? - Wenn uns jetzt die Apfelblüte vor unserem inneren Auge erscheint, sehen wir, dass auch diese aus fünf Blütenblättern und einem fünfkantigen Stempel mit seinen Staubgefäßen bestehen. In jeder Kammer die dunklen Kerne, Samen für einen Neuanfang, für kommende Blüten und künftige Früchte. Im Fruchtfleisch des Apfels steckt also noch die Blüte.

Der Herbst trägt den Frühling noch in sich.

Als mir dieses Geheimnis aufging, fiel mir ein Wort von Dietrich Bonhoeffer ein: „Es kommt am Ende unseres Lebens nur darauf an, ob man dem Fragment des Lebens noch ansieht, wie das Ganze einmal gedacht war."

Ob es in *meinem* Leben auch so ist? Der Herbst trägt die Früchte noch in sich? Ob es auch meinem Leben noch anzusehen ist, bei allem Fragmentarischen, das es enthält, bei allen Um- und Irrwegen, die ich gegangen bin, wie das Ganze einmal gedacht war? Spuren Gottes in meinem Garten, in meinem Leben? Dankbarkeit für so manche Gabe, so manche Talente, die mein Leben reich gemacht haben? - Aber - habe ich auch genügend mit meinen Talenten gewuchert, so wie es jener Unternehmer im Gleichnis Jesu von den anvertrauten Pfunden von seinen Knechten erwartet? Gleiche ich jenen beiden Knechten, die mit ihren Talenten gehandelt und sie vermehrt haben, indem ich sie unters Volk gebracht habe und Lob und Belohnung von meinem Herrn am Ende des Lebens ernte? Oder bin ich nicht vielmehr dem dritten Knecht ähnlich, der seine Gaben für sich behielt, weil er den Vergleich mit anderen fürchtete und Angst hatte, mit seinen Talenten zu handeln? Steht also am Ende meines Lebens statt des Lobes mehr der Tadel, der Zorn Gottes, weil ich aus dem, das in mir angelegt war, nichts oder zu wenig gemacht habe? Weil ich mich selbst nicht genug geachtet habe? Weil mir die Erziehung meiner Kinder wichtiger war als der Einsatz im geliebten Beruf?

Was habe ich aus meinem Leben gemacht? Ich denke, diese Frage beschäftigt uns alle, je nach Art und Schicksal. Was war im Frühling meines Lebens angelegt, in meiner Kindheit, meiner Jugendzeit? Welche Chancen habe ich wahrgenommen, welche verpasst? „Was der Mensch sät, das wird er ernten", so steht es im Galaterbrief. Gärtner und Landwirte wissen es: in einer Frucht zeigt sich, was im Saatgut geheimnisvoll angelegt war. Jeder von uns schüttet täglich Saatgut aus mit seinem Verhalten in seiner Arbeit und Freizeit. Gesprochene Worte, gute wie schlechte, wirken sich aus in unserem Leben und im Leben anderer Menschen. Manchmal erschrecken wir darüber: Ohne es zu merken oder zu wollen, schlagen wir Wunden in das Leben anderer Menschen, richten Unheil an, verletzen tief ohne es zu wollen.

Was der Mensch sät, das wird er ernten? Spuren meiner Unachtsamkeit im Leben der mir anvertrauten Menschen? Oder sogar Verletzungen, weil meine Liebe zu nur einem Menschen mich blind gemacht hat für die Bedürfnisse anderer, die meine Liebe auch brauchen: Wer kennt das nicht? Dem Alten Testament ist dieser Tun-Ergehens-Zusammenhang ganz vertraut. Jesus Christus aber hat ihn geradezu gesprengt: Einer Ehebrecherin schenkt er eine neue Chance zum Leben, statt sie steinigen zu lassen; die gekrümmte Frau richtet er wieder auf, indem er sie liebend berührt; der blinde Bettler ist nicht wegen einer Schuld blind, wie die Menschen seiner Zeit glauben. Und umgekehrt: Ein pharisäischer Mensch, der meint, vor Gott gut dazustehen aufgrund seiner vielen guten Taten, wird von Jesus nicht gerecht gesprochen. Aus Liebe zu den Menschen stellt Jesus die herkömmlichen Wertesysteme auf den Kopf.

Ein Apfel, der nicht ganz makellos ist, der eine Druckstelle hat, oder der auch nur auf die Wiese gefallen ist, wird zum Fallobst deklariert: Frutta non grata, nicht erwünscht, nicht mehr den Ansprüchen genügend. Persona non grata, nicht erwünschte Person, das geht manchmal schnell bei den Menschen, wenn einmal etwas anders läuft als es der Norm entspricht. Ein unvorsichtiges Wort, ein missverständlicher Brief, eine falsch verstandene Bemerkung: schon wird man fallen - und liegen gelassen. Freundschaften werden aufgekündigt. Bitternis macht sich breit. Resignation kriecht in uns hoch und tötet alle Hoffnungsbilder.

Der Herbst trägt die Früchte des Frühlings noch in sich. Ist das noch zu spüren in meinem Leben? Wo sind sie geblieben, die aufbauenden, sich verströmenden Lebenskräfte, die Sehnsüchte, etwas in dieser Welt verändern zu können? „Der Mensch ist so jung wie seine Hoffnungen und so alt wie seine Zweifel!" - ein Wort von Marc Aurel.

Manchmal fällt es uns leicht, aus unseren Hoffnungen zu leben, dann, wenn es uns gut geht. Aber manchmal kommen auch schwer wiegende Zweifel in uns hoch, Ängste und Sorgen. Und dann starren wir auf die nicht gelungenen Dinge unseres Lebens, lassen uns hinunterziehen, glauben, nicht zu genügen, meinen, zum Abfall zu gehören.

Gottes Güte aber gilt. Gottes Barmherzigkeit misst uns nicht nach unseren Leistungen und Verdiensten. Gottes Auge sieht weiter, tiefer, über all unsere faulen Stellen hinweg. Vor Gott gibt es das nicht: ein verpfuschtes Leben, ein sinnloses Leben, ein Leben, das keinen Wert hat, das einfach weggeworfen wird, als untauglich aussortiert, als lebensunwert vernichtet. Gott darf ich meine Wunden hinhalten. Barmherzigkeit und Liebe sind die Wurzeln von Gottes Hinwendung zu uns, zu unserem Leben mit all seinen Höhen und Tiefen. Seine Güte ist unendlich: daran können wir uns halten. Das ist unsere Basis, unsere Wurzel, aus der wir immer neue Kraft schöpfen können.

„Esst mehr Äpfel und ihr kommt später in den Himmel!" Oder wie ein englisches Sprichwort heißt: „An apple a day, keeps the doctor away!" Ein Apfel täglich hält uns den Doktor vom Leib. Ja, man sagt heute sogar, dass das Vitamin C im Apfel antioxidativ, also entgiftend, wirke, und somit der Apfel vor bestimmten Krebsarten, sowie vor Herzerkrankungen schützen könne.

Gesund ist ein Apfel, wenn's von innen her stimmt, wenn das Kerngehäuse nicht faul ist. Ein Kenner kann das von außen sehen. „Hauptsache man bleibt gesund!, so hörte ich es oft, wenn ich als Pastorin zu Sechzig- bis Siebzigjährigen kam oder gar zu Achtzigjährigen, ein Satz, mit dem ich lange Zeit Schwierigkeiten hatte. Hauptsache ist doch, so meinte ich, das der Mensch eine Erfüllung im Leben gefunden hat, den Sinn seines Lebens. Heutzutage weiß ich, wie stark das Glücklichsein eines Menschen auch mit seiner Gesundheit zusammenhängt. Aber was heißt „gesund" sein? Carl F. von Weizsäcker, der große Philosoph, der seit vierzig Jahren an Kinderlähmung leidet und von seinen Stöcken nicht mehr loskommt, beschreibt „gesund" sein nicht als einen Zustand, sondern als Lebensgefühl. Ja, manchmal seien seine Stöcke ihm eine Last, wenn sie z.B. beim Abwaschen ins Rutschen geraten und beim Weg nach unten eine schöne Porzellantasse mitnehmen, dann ärgere er sich und hadere mit seinem Schicksal, aber sonst fühle er sich rundum „gesund".

Gesundheit als Lebensgefühl, wenn meine Seele noch im tiefsten Leid einen Sinn sieht, einen Hoffnungsschimmer. Vor einiger Zeit las ich in der Zeitung, dass gläubige Menschen viel seltener an Krebs erkranken als Nichtgläubige. Wo könnte dafür eine Erklärung zu finden sein? - Bei einem Seminar über neue technische Entwicklungen und Zukunftsprognosen wurde auch über die verschiedenen Unsicherheiten in einer unübersichtlichen Welt gesprochen. Wie soll man sich vor Geldentwertung, Besitzstandsverlust und Einsamkeit im Alter noch schützen? Die Antwort eines Informatikers, nicht eines Pfarrers, hieß: Nehmen sie sich eines Menschen an! Kümmern sie sich um einen Nachbarn! Vielleicht fällt dies eines Tages positiv auf sie zurück. In USA wird heute Depressiven geraten, regelmäßig an Gottesdiensten teilzunehmen, um zu beten. Ist dies das Geheimnis, weshalb Christen weniger an Krebs erkranken? Ein Christ als ein Mensch, der über den eigenen Tellerrand hinausblickt, der nicht nur sich selbst sieht, sondern dessen Lebenskonzept immer auch auf ein Du ausgerichtet ist, sei es eine Aufgabe oder ein Mensch?

Wenn wir uns die Neuerscheinungen auf dem Büchermarkt seit ein paar Jahren anschauen, dann ist auch dort eine Neubesinnung in diesem Zusammenhang zu finden: „Gott loben ist gesund" oder „Gott tut gut" oder „Ernährung als geistliche Aufgabe". Früher fragte man: Was macht die Menschen krank? Heute fragt man: Was erhält die Menschen gesund? Dahinter steht das Wissen, dass kein Mensch ein Abfallprodukt vor Gott ist, sondern dass jeder Mensch ein Charisma hat, das es zu entdecken und zu entfalten gilt. Vor Gott ist niemand gesichtslos, profillos, farblos, konturenlos. Jeder Mensch ist einmalig, unverwechselbar, einzigartig. Und diese Gewissheit kann gesund machen: zu wissen, mein Leben ist gewollt, mein Leben hat einen Sinn. Ich bin nicht allein auf der Welt, sondern eingebettet in die wunderbare Schöpfungsordnung Gottes wie jeder Apfel. Das kann einen Menschen befreien von Ängsten und Einsamkeitssymptomen. Gott tut gut, Gott macht gesund.

Ein fauler Apfel landet auf dem Kompost. Ein Mensch, der nach dem Sinn seines Lebens fragt, der sich als gescheitert erlebt, bekommt von Gott immer wieder die Chance zu leben. Das ist unser Vermögen. Ein Apfel, der zu früh gepflückt wird, ist hart und sauer und schmeckt nicht. Vollgültig wird er erst, wenn er in Ruhe gereift ist, wenn der Mensch ihm Zeit gelassen hat auszureifen. Auch der Mensch hat von Gott her das Recht in Ruhe zu reifen. Bei Gott heißt es nicht: Du musst so schnell als möglich reif und erwachsen werden, sondern du darfst dir Zeit lassen, du kannst in Ruhe die Ernte deines Lebens einbringen. Du sollst durch die nachfolgende Generation geschützt sein vor den Sorgen um den Lebensabend. So ist es im Alten Testament im jüdischen Gesetz einmal angelegt. Dieses Recht aber ist heute in Gefahr. Geschützt vor den Sorgen sind wir nicht mehr, ob wir nun Kinder haben oder nicht. Die Renten werden knapp: Auf Dauer sind sie keine Grundlage mehr für das Alter. Die Jungen müssen um Arbeitsplätze bangen, oder manche bekommen nicht einmal mehr einen Ausbildungsplatz.

In Ruhe reifen und seine Lebenserfahrung weitergeben zu können an die nächste Generation, wird den Älteren von den Jüngeren meist bestritten. Zu vieles hat sich grundlegend geändert: Internet, Computer, Medien. Bei zu vielen Dingen können die Alten nicht mehr mitreden. Das führt zu Resignation, zu einem Sinnvakuum bei den Alten, zu Einsamkeit und Verzweiflung. Andere, die es sich leisten können, setzen sich frühzeitig ab nach Spanien, und die Enkel bleiben mit traurigen Augen zurück. „Nun habe ich keine Oma mehr", sagte mir eine Zweitklässlerin, „meine Oma ist ausgewandert". Die Ernte unseres Lebens an die Jüngeren weiterzugeben - und sei es nur durch Märchenerzählen oder die Weitergabe von Kinderliedern und Gebeten -, dem entziehen sich solche Großeltern. Um so wichtiger ist es für uns, die bereit sind, über solche Zusammenhänge nachzudenken, unsere Erfahrungen und Hoffnungen weiterzugeben an die nächste und übernächste Generation. Statt in das allgemeine Jammern über schlechte Zeiten einzustimmen, können wir noch im Alter Hoffnungsträger sein für unsere Kinder und Enkel, für unsere Freunde und Nachbarn. Mit unserem Glauben an Gottes Zusage und unsere Zuversicht für die Zukunft der Welt können wir als Christen ansteckend sein, so dass es alle spüren: Gott tut gut. Gottes Güte bleibt ewig.

11.

WIE TRÄNEN ZU PERLEN WERDEN [14]

(Heidrun Besemer-Grütter)

Heute möchte ich ihre Tränen in Perlen verwandeln. Eine junge Frau geht zum Priester. Weil sie Liebeskummer hat, möchte sie sich das Leben nehmen. Der Priester versteht ihren Kummer. Er fragt sie aber, was sie denn wohl an der Himmelstür vorzuweisen habe; und ob sie auf Erden nicht doch noch etwas Gutes vollbringen möchte. Nach einer längeren Pause unterbreitet der Priester der verzweifelten Frau einen Vorschlag: Da sie eh sterben möchte, sagt er, könnte sie doch Menschen pflegen, die an einer ansteckenden, tödlichen Krankheit leiden. Die junge Frau denkt darüber nach und entschließt sich, in das Siechenhaus zu gehen. Indem sie die Sterbenden pflegt, gesundet ihre Seele und sie findet wieder Sinn im Leben.

Eine alte Dame zieht in ein Seniorenheim. Früher war sie unternehmungs- und lebenslustig; jetzt aber ist sie apathisch und des Lebens überdrüssig geworden. Eines Tages hört sie im Radio von einem orientierungslos gewordenen alten Mann, der ums Leben kam, weil er den Weg zurück ins Heim nicht mehr finden konnte. Die alte Dame fasst sich daraufhin ein Herz und gründet einen

---

[14] Andacht für „Pflegende Angehörige", Lindau

Kreis für Demenz kranke Menschen. Durch diese Aufgabe gewinnt sie die Freude am Leben wieder zurück.

Beide Lebensschicksale, die der jungen Frau und die der alten Dame, haben eines gemeinsam: Ihr Leben erschien ihnen sinnlos, leer und bedeutungslos. Beide sahen sie nur noch ihr eigenes Leid und Elend. Beide waren sie blind für Aufgaben, die ihnen das Leben bereit hielt. Aufgestaute Liebe, die sich nicht entfalten kann, entartet zum Narzissmus, zu krankhafter Verliebtheit in die eigene Person. Eigenliebe, die nur sich selbst und das eigene Elend sieht, führt nicht selten in den Suizid.

Die angeführten Beispiele zeigen aber auch, wie Menschen ihr eigenes Leid durch Hinwendung zu anderen Menschen überwinden können. Dadurch nimmt das sinnlose Dasein ein Ende. Das Herz weitet sich. Das Ich erfährt sich neu im Du des Anderen. Wer anderen zur Fülle des Lebens verhilft, erfährt, wie dadurch das eigene Leben reicher und sinnvoller wird. Es sind Menschen, die nicht nach egoistischer Selbstverwirklichung streben, einem Irrweg, dem heute viele zum Opfer fallen. Es sind Menschen, die trotz schmerzvoller Wegerfahrungen bereit sind, ihre Angehörigen liebevoll, oft auch stöhnend zu pflegen und in den Tod zu begleiten. Dabei kann die Liebe auch in Verdruss umschlagen, wenn die Grenzen der eigenen Belastbarkeit überschritten werden. Wer aber den Blick in die eigene Tiefe nicht scheut, wer den Weg in den eigenen Brunnen wagt, kann wahre Solidarität üben. Nur wer die Finsternis kennt, weiß um das Licht! Nur wer das Dunkel durchmisst, gelangt zum Licht. Solidarisches Mit-Leiden birgt die Chance in sich, das Gespräch mit Gott wieder neu aufzunehmen. Wer mit leeren Händen vor ihn tritt, wer sein Dunkel ihm hinhält, dem wird er das Herz füllen, sodass Tränen zu Perlen werden können.

„Was ihr getan habt einem dieser meiner geringsten Brüder, das habt ihr mir getan." Wem könnte dieses Wort Jesu mehr gelten als Ihnen, ihr pflegende Heldinnen! Jesus ist gekommen, um gekrümmte Rücken wieder aufzurichten. Er kommt und fragt auch heute noch: Was brauchst Du? Was kann ich für Dich tun? Ihm dürfen wir uns anvertrauen in all unserem Kummer und all unserer Erschöpfung. Ihm dürfen wir auch das Dunkle im eigenen Herzen hinhalten. Wo das geschieht, erhält das Leben eine andere Tiefendimension. Wieviel haben wir doch denen voraus, die vor lauter Selbstmitleid und Selbstbezogenheit den Willen zum sinnerfüllten Leben verloren haben. Unser Herz kann sich weiten. Unsere Ohren können sich neu öffnen. Unsere Augen können sehend werden. Unsere Hände können neu gefüllt werden. Und aus einem trauernden, vielleicht bitteren Herzen kann wieder ein lebensfrohes Herz werden. Ja Tränen können zu Perlen werden.

Sollten wir Gott dafür nicht dankbar sein?!

Segenswort:

Wir legen einander die Hände auf den Rücken und sprechen:

Göttliche Kraft stärke deinen Rücken,

sodass du aufrecht gehen kannst,

wo man dich beugen will.

Göttliche Zärtlichkeit bewahre deine Schultern,

sodass die Last, die du trägst,

dich doch nicht niederdrückt.

Göttliche Weisheit bewege deinen Nacken,

sodass du den Kopf frei heben

und ihn dorthin neigen kannst,

wo deine Zuneigung und Liebe vonnöten sind.

So segne dich der gütige Gott.

Der Herr, voller Liebe wie eine Mutter

und gut wie ein Vater.

Es segne und behüte dich

Vater, Sohn und Heiliger Geist.

12.

WER WÄLZT DEN STEIN VOM HERZEN? [15]

(Heidrun Besemer-Grütter)

Ich frage: Wer wälzt mir den Stein vom Herzen? Von dem Grab meiner Hoffnung? Wer nimmt mir die Last meines Lebens ab?

Ein großer Stein lag den Frauen am Ostermorgen auf dem Herzen und im Weg. Dieser Stein war nicht jenen Stolpersteinen gleich, die ich ihnen heute morgen in den Weg gelegt habe, hier in der Kirche; Steine, die wir uns oft gegenseitig in den Weg legen, und die wir mit einigem guten Willen auch wieder beseitigen können. Nein, es war ein Felsbrocken, groß, schwer, unbeweglich. Manneskräfte hatten ihn am Karfreitagabend vor das Grab gerollt. Das Grab, in dem alle Hoffnungen der Frauen begraben waren, alles Licht, alles Heil, aller Glaube und alle Zuversicht.

Gestern war Ostern. Manche von uns werden den Jubel noch in sich tragen, der in der Osternacht hier in St. Stephan wieder wie jedes Jahr erklang: „Christus resurrexit, Halleluja. Christus ist auferstanden, Halleluja!" Immer und immer wieder haben wir es voller Inbrunst gesungen. Es war, als hätten wir mit dem Singen der Taizélieder alles Schwere aus uns herausgesungen, als hätten wir uns von allen Lasten des Lebens durch das Singen befreit.

---

[15] Predigt in St. Stephan in Lindau/Bodensee

Werden wir es durchhalten? Diese Freude? Diesen Jubel? Diese 'Ent-Last-ung'? Diese Befreiung? Wir spüren es doch: Da sind noch immer Steine, die uns das Leben schwer machen. Da ist der Brief, der mir wie ein Stein im Magen liegt, den ich lieber nicht, - oder nicht so - geschrieben hätte. Da sind Worte gefallen, die wir besser so nicht gesagt hätten: in der Wut, im Streit, im Affekt. Worte, die Beziehungen gefährden durch mangelnde Einfühlungsgabe, Worte, die verletzten. Da gibt es immer noch Ecken und Kanten in unserem Leben, an denen sich andere stoßen und weh tun. Da ist der Ballast der Vergangenheit, unbewältigt, immer noch belastend. Da sind Wunden, die noch nicht geheilt sind. Oder auch Ängste, Hemmungen, lähmende Scham, die verhindert, dem anderen in die Augen zu schauen. Oder da ist die Angst, den Herausforderungen des Lebens nicht gewachsen zu sein. Die Angst vor der Zukunft: Ist das denn plötzlich alles weg, weil wir seit gestern Ostern feiern?

Es gibt Menschen, die uns wie ein Stein auf dem Herzen liegen. Immer noch, trotz Ostern! Wir fühlen uns von ihnen eingeengt. Wir meinen, in ihrer Nähe nicht frei atmen zu können. Sie scheinen das Leben zu verhindern, das seit gestern neu in uns aufblühen möchte. Da gab es gestern - am Ostersonntag - den hässlichen Streit mit der Freundin wegen mangelnder Klarheit in puncto Verabredungen. Enttäuschung auf beiden Seiten. Einsamkeit. Da sind sie also wieder die Steine, die wir doch für überwunden hielten durch Ostern. Das Leben könne neu beginnen, so hören wir es in allen Osterpredigten. Und schon ist die Versuchung wieder da, sich ins stille Kämmerlein zurückziehen zu wollen, sich dem Leben mit all seinen Lasten nicht stellen zu wollen, den Auseinandersetzungen mit schwierigen Menschen aus dem Weg gehen zu wollen, weil sie Kraft, Überwindung und kostbare Lebensenergie fordern, die wir lieber woanders einsetzen wollen. Wer mag denn schon immer kämpfen? Wer kann es durchhalten, immer Stein des Anstoßes zu sein? Wer mag sich schon immer unbeliebt machen, indem er sich für andere Menschen einsetzt, oft unter Aufbietung all seiner Kraft? Das alles wollen wir doch gar nicht. Und doch geschieht es immer wieder! Auch gestern, auch heute, auch morgen.

Freilich manchmal ist es sogar gut, so ein Stein des Anstoßes zu sein. Manchmal muss ich selbst der Anstoß sein. Denn wir wissen es doch: Vermiedene Auseinandersetzungen sind oft die Quelle großer Ängste. Manchmal muss ich mich dem andern stellen, um Schlimmeres zu verhindern. Manchmal muss ich das Gespräch suchen, auch wenn es unangenehm erscheint. Als Stein des Anstoßes kann ich so manches Erstarrte wieder in Bewegung bringen, Verfestigtes auflockern. Türen können wieder aufgehen, von denen wir meinten, sie seien für immer verschlossen. So manch einen kann ich aufwecken aus seiner Trägheit, seinem Alltagstrott und ihn in heilsame Unruhe bringen. Auch ich bedarf solcher Anstöße. Auch ich brauche Menschen, die es mir deutlich sagen, wenn ich mich von meinem Weg entferne, wenn ich mich mit Arbeit so zupacke, dass ich nicht mehr frei bin für diejenigen, die mich brauchen, die auf ein Gespräch, ein lösendes Wort warten. Auch ich bin immer wieder in der Gefahr, mich in dieser Welt ohne das Du einzurichten, das oft so anstrengend sein kann. Es ist ja viel leichter, an den vollen Schreibtisch zu fliehen, statt sich der Begegnung mit einem besonders schwierigen Menschen zu stellen.

Der Stein, der das Grab Jesu verschließt, ist ein Symbol für die vielen Blockaden, die uns am Leben hindern. Auferstehung aber heißt: Ein Engel steigt vom Himmel herab und wälzt uns den Stein weg. Den Frauen fällt ein dicker Stein vom Herzen, ihnen geht das Herz auf. Mitten in der Dunkelheit gehen ihnen die Augen auf. Die Last, die sie am Leben hinderte, ist weggewälzt. Und solches geschah nicht nur damals; es geschieht auch heute und morgen. Und es geschieht auch, wenn es wieder dunkel in uns wird. Schuld muss nicht in Verzweiflung enden.

Du musst die Schwere deines Lebens nicht allein tragen. Der auferstandene Christus trägt die Last mit. Du darfst das Gesicht dem Licht zuwenden, sodass die Schatten hinter dich fallen. Der Engel fragt: „Was sucht ihr den Lebenden bei den Toten?" Diese Frage wird auch uns gestellt. Denn auch wir suchen das Leben oft dort, wo es nicht zu finden ist.

„Was sucht ihr den Lebenden bei den Toten?" Für mich heißt das: Warum hältst du die schweren Steine deines Lebens fest? Wozu trägst du die alten Verletzungen wie eine Trophäe vor dir her? Warum setzt du keinen Punkt hinter all das Geschehene? Warum musst du immer wieder so tief in den Strudel deines Lebens schauen, bis er dich hinwegreißt und du darin zu versinken drohst?

Überwinde das Schwere, das Bittere in deinem Leben. Wende dich dem Leben zu. Verherrliche nicht das Leid! Darauf liegt kein Segen. Darauf lässt sich der Frieden nicht bauen! Zieh das alte Kleid aus. Zieh das neue an. Vergebung und Versöhnung sind die Fundamente des neuen Lebens. 'Talitha kumi!' lautet der Ruf Jesu. Steh auf, Mädchen! Steh auf Frau! Steh auf Mann! Das Leben hat begonnen. Christ ist erstanden. Er richtet auch mich auf, sodass ich nicht mehr gebeugt durchs Leben gehen muss, wie jene gekrümmte Frau im Neuen Testament. Gertrud von le Fort drückt das Ostergeschehen so aus:

„Geh in dein eigenes Herz

und wälze den Stein von der Tür des Grabesdunkeln.

Du selbst musst auferstehen. Christ ist erstanden."

13.

AUF KRIEG LIEGT KEIN SEGEN [16]

(Heidrun Besemer-Grütter)

Heute ist Volkstrauertag - ein staatlich verordneter Gedenk- und Danktag. Seit dem 11. September hat dieser Tag wieder eine besondere Aktualität und Brisanz erfahren. Die Antwort auf die terroristische Gewalt, wie sie bisher gefunden wurde, kann nicht im Sinne der Schöpfungsordnung Gottes sein. Auf Krieg liegt kein Segen. Keine Religion ist berechtigt, Krieg als Mittel für welche Ziele auch immer zu führen. In unsere Trauer um die Millionen Toter der beiden Weltkriege mischt sich dieser Tage ein neues Erwachen für unsere so bedrohte Weltordnung. Die Zukunft unserer Kinder und Enkelkinder ist schon lange höchst gefährdet. Darum sind wir Christen in besonderer Weise aufgerufen, neue ethische Grundsätze zu suchen. Für uns Christen bedeutet der Volkstrauertag zugleich auch eine Ermahnung, uns auf die letzte Verantwortung vor Gott zu besinnen. „Wir müssen alle offenbar werden vor dem Richterstuhl Christi." Damit erhält dieser Sonntag einen tiefen Ernst. Möge Gott unter uns sein mit seiner Gnade und Güte.

---

[16] Predigt zum Volkstrauertag in St. Verena, Lindau

„Was habe ich denn nur Böses getan? Ich wollte es doch gar nicht! Ich verstehe mich selbst nicht mehr. Es kam einfach über mich."

Immer wieder enden Prozesse vor Gericht mit einem solchen Schlusswort des Angeklagten. Max Frisch macht in seinem Tagebuch eine schreckliche Entdeckung über sich selbst: Er sei über eine Stadt geflogen und habe sich dabei vorgestellt, wie das wäre, wenn er nun Bomben hinunterwürfe. Dahin eine und dorthin eine. Möglichst gezielt. Und wie dann alles rauscht und zischt und kracht und die Menschen verzweifelt schreien. Der Gedanke, schreibt Max Frisch, war fast lustig. Doch voller Schreck sei ihm dann aufgegangen, wozu er alles fähig sei, obwohl er es doch gar nicht wolle. - „Wer bin ich nur, dass ich zu solch brutalen Gedanken und Phantasien fähig bin?"

Spätestens seit Auschwitz ist es immer wieder untersucht worden, zu welchen Grausamkeiten Menschen fähig sind. Wir tragen alle mehr oder weniger einen kleinen Terroristen in uns!

Während der Psychotherapietage in Lindau trafen wir uns mittags in einem offenen Gesprächskreis zu dem Thema: Was hat mir der 11. September gebracht? Jemand erzählte, es sei, als er die Bilder im Fernsehen sah, in ihm so etwas hoch gekommen wie: „Na, endlich!" - Nach einem ersten Entsetzen über so viel Offenheit und Ehrlichkeit, bekamen auch andere den Mut es zuzugeben: Ja, Ähnliches gab es auch zutiefst in mir: „Na endlich zeigen 'die' den Amerikanern mal, dass es mit ihrer Politik gegenüber Israel und den Palästinensern und überhaupt mit der ganzen Globalisierung und deren Ungerechtigkeiten so nicht mehr weitergehen kann." - Terroristische, zerstörerische Rachegedanken stecken wohl in einem jeden von uns.

Dann machten wir in der Inselhalle noch eine Übung: Wir schlossen die Augen und ließen auf unserer inneren Bühne den kleinen Terroristen in uns auftreten, den wir sagen hörten: „Hau drauf! Zeig's ihnen! Na endlich! Rübe ab!" Dann befragten wir unseren eigenen Terroristen: Was brauchst Du? Was willst du von mir? Im anschließenden Zweiergespräch kam dann die Antwort: Ich brauche Wertschätzung, sagte er. Ich möchte von dir wahrgenommen und ernstgenommen werden. Akzeptanz. Geborgenheit. Gerechtigkeit. Sag, was brauchst du wirklich? Und es kam die Antwort: Liebe. Stillung meiner Ursehnsucht. Stellen wir es uns vor: Da schreit jemand in uns nach Liebe, nach Gerechtigkeit. - Ob ein Bin Laden, bestgehasster Terrorist, auch so nach Liebe, Geborgenheit und Gerechtigkeit schreit? Oder hat er sich nur in entsetzlicher Weise in den Mitteln zum Kampf vergriffen? Mussten dreitausend Menschen sterben, damit er sich Gehör verschaffen konnte? Ja, könnte es sein, dass auch er schreit: Was habe ich denn Böses getan? - Schaut doch, was ihr reichen Amerikaner zulasst! Fünfzigtausend Kinder sterben täglich den Hungertod. Ein unvorstellbares Verbrechen neben allem anderen! Seid ihr in der westlichen Welt und ihr Christen nicht schon längst in die Irre gegangen? Macht ihr es euch nicht zu leicht, wenn ihr die Welt in Gute und Böse einteilt? Geschieht nicht das Böse auch in euch selbst, hier wie dort?

In Jeremia 8 spricht der Herr:

„Wo ist jemand, wenn er fällt, der nicht gerne wieder aufstünde? Wo ist jemand, wenn er irregeht, der nicht gern wieder zurechtkäme? Warum will denn dies Volk zu Jerusalem irregehen für und für? Sie halten so fest am falschen Gottesdienst, dass sie nicht umkehren wollen. Ich sehe und höre, dass sie nicht die Wahrheit reden. Es gibt niemand, dem seine Bosheit leid wäre und der spräche: Was habe ich doch getan! Sie laufen alle ihren Lauf wie ein Hengst, der in der Schlacht dahinstürmt. Der Storch unter dem Himmel weiß seine Zeit, Turteltaube, Kranich und Schwalbe halten die Zeit ein, in der sie wiederkommen sollen; aber mein Volk will das Recht des Herrn nicht wissen."

Fünfzig Jahre lang hat der Prophet in dieser Weise die Klage Gottes erhoben. Gott wollte Israel vom Verderben retten, aber das Volk wollte nicht. Noch heute nicht. Jeremia trat öffentlich auf und stellte sich mit seiner Botschaft dem Volk in den Weg, aber man schob ihn weg. Man sperrte ihn ein. Als er seine Botschaft aufs Papier diktierte, verbrannte man seine Schriftrollen. Man wollte nicht hören, was er mahnte. Fünfzig Jahre übte Gott Geduld und hoffte, dass sein Volk von seinem verkehrten Weg wieder umkehren und seine Gebote wieder halten würde. Umsonst! Sie hörten die Botschaft wohl, aber sie glaubten nicht.

Jeremia erlebte selbst den Untergang Jerusalems und die Zerstörung des Tempels. Das Volk musste ins Exil. Umsonst rief der Prophet. Umsonst mahnte er. Umsonst predigte er!

Ist das heute so viel anders? Auch unter uns gab es längst vor dem 11. September 2002 Mahner, Warner und Propheten. Haben wir sie gehört? Ist uns der Bissen im Hals stecken geblieben bei den Schreckensmeldungen des Club of Rome zur Klimaerwärmung und anderer auf uns zukommender Umweltkatastrophen: Seuchen in Afrika, Hungersnöte und Armut in der sogenannten Dritten Welt, Ozonloch, Waldsterben, Tiersterben und anderes mehr.

Wir wissen doch heute, was Gott will. Er gab uns die Gebote zum Schutz seiner Schöpfung, zum Heil der Welt. Aber sind nicht auch wir - wie Israel - immer wieder eigene, gottferne Wege gegangen? Halten wir uns denn an das erste Gebot? „Ich bin der Herr, dein Gott, der dich aus Ägypten geführt hat!" Gott hat uns in die Freiheit entlassen. Aber was haben wir aus ihr gemacht? Und das andere Gebot: „Du sollst keine anderen Götter neben mir haben!" Wieviel Götter haben wir neben ihm? Autos, Eigenheime, Computer, Internet. Ist uns das alles nicht viel wichtiger als Gott? Und die Sabbatruhe: Wo halten wir sie eigentlich noch ein? Sonntagsheiligung für Gott und unsere Seele? Und die Achtung vor Vater und Mutter? Wie sieht es aus in unseren Kleinfamilien? Orientierungslosigkeit überall. Unsicherheit. Geschichtslosigkeit. Traditionsverlust. Sinnlosigkeit. Abbau der gottgewollten guten Ordnungen. So könnten wir jedes Gebot gleich einem Spiegel betrachten mit der Frage: Wie ernst ist es uns denn eigentlich mit Gottes Schöpfungsordnung, die sich in den Zehn Geboten manifestiert?

Ist da nicht Reue, Umkehr, Einsicht angesagt, wenigstens das Böse in uns zuzugeben? Aber wie schwer fällt es uns es zuzugeben? So ganz einfach ist es ja nicht, nach einem Familienstreit zu sagen: Es tut mir leid, dass ich dich so angegriffen habe, dass so böse Worte gefallen sind, dass ich mich vergessen habe. Wer von uns Erwachsenen gibt es gegenüber der nachrückenden Generation schon offen zu: Es tut mir leid, dass wir euch falsche Werte vermittelt haben. Spitzenwerte waren für uns doch: Immer schneller, immer größer, immer reicher, immer mehr Spass, immer mehr Vergnügen. Was auf der südlichen Halbkugel geschieht, deren Ressourcen wir für unseren Wohlstand ausnutzen, interessiert uns wenig. Wo ist da Reue, Buße, Umkehr? Jahrzehntelang ernähren wir uns auf Kosten anderer Menschen: Billiger Kaffee, Bananen,

Apfelsinen. Faire Preise? Wer macht sich beim Einkaufen ein Gewissen? Wer bekommt Skrupel? Das Gewissen, das sich nicht an Gottes Geboten orientiert, stumpft ab, wird gleichgültig.

Der 11. September hat uns für einen Moment aufgeschreckt und wachgerüttelt. Woher kommt uns Hilfe, damit wir, die wir gefallen sind, wieder auf die Beine kommen? Sie kommt von Gott allein, der ein Gott des Friedens ist. Der Friede beginnt im Gespräch miteinander. Wir sind aufgerufen, den Dialog mit anderen Kulturen und Religionen der Welt zu suchen, vor allem aber das Gespräch mit Gott. Die Gunst der Stunde ist da: Gott das Böse in uns hinzuhalten, ihn um Vergebung zu bitten für alle Versäumnisse und Verirrungen. Dazu ruft uns Jeremia auf.

„Warum wird die Wahrheit so selten gefunden?" fragte ein Schüler den Rabbi. Dieser antwortete: „Weil niemand sich so tief bükken will." Vor zweitausend Jahren hat sich Einer tief gebückt, nicht vor den Menschen, sondern für die Menschen. Er hatte einen Blick für die Augen und Nöte eines jeden Menschen. So fragte er: Was brauchst du von mir? Was kann ich für dich tun? Willst du gesund werden? Und so fragt er uns auch heute. Unser Leben kann sich verändern, wenn wir Gottes Liebe empfangen. Wer fällt, kann aufgerichtet werden. Wer irregeht, kann wieder auf rechte Wege gebracht werden. Gott will es. Nun liegt es an uns.

Hören wir das Friedensversprechen, das amerikanische Kinder in diesem Schuljahr als Selbstverpflichtung abgegeben haben:

* „Ich verspreche, dass meine Hände, mein Herz und meine Stimme Boten des Friedens sind.

* Ich verspreche, Konflikte ohne Gewalt zu lösen und anderen zu helfen, ebenso zu handeln.

* Ich verspreche, andere Menschen in ihrer Unterschiedlichkeit zu achten und wertzuschätzen.

* Ich verspreche, friedlich zu leben, in der Schule, zu Hause und auch in der großen Welt.

* Ich verspreche, in meinem Inneren Frieden zu wahren. Mein Herz soll ein Ort des Friedens sein."

Am Volkstrauertag sind wir aufgerufen, eine neue Sprache zu finden. Hören wir zum Schluss Gedanken von Benedikt Werner Traut:

Eine neue Sprache finden [17]

Leben als geschenktes Leben bedenken,

das Vertrauen auf Liebe und Menschlichkeit

zum Blühen bringen,

die Enge und Spirale der Angst durchbrechen,

das Gefühl tiefer Geborgenheit vermitteln,

grenzenlose Offenheit und Weite ermöglichen,

Dem Dasein seine Leichtigkeit und

Freude zurückgewinnen,

Die Furcht vor der Freiheit nehmen,

Erstarrtes zu neuem Leben erwecken,

Wegzeichen in der Weglosigkeit aufrichten,

aus dem Haben zum Sein befreien,

Brücken zwischen allen Ufern bauen,

das Getrennte und Zerrissene zusammenführen,

an unser aller Herkunft aus dem Licht

des Himmels erinnern.

Das Unmögliche möglich,

das Undenkbare denkbar,

das Nichtaushaltbare aushaltbar machen,

die Sprachlosigkeit überwinden

und zum Dialog einladen,

in allem den Atemwind des Ewigen wehen lassen.

Eine Sprache lernen zu sprechen,

die Sprache der Annäherung

und der Menschlichkeit,

des Zuhörens und Austausches,

der Versöhnung und Vergebung,

des Friedens und der Verständigung,

der Hoffnung und des Lebens,

des Lichtes und der Farben,

der Stille und des Schweigens,

der Liebe und des Vertrauens,

---

[17] Text: Benedikt Werner Traut, Annäherungen, Gundelfingen/Breisgau

der Spielräume und Zwischenräume.

Eine neue Sprache sprechen

(Benedikt Werner Traut)

14.

KANN GOTT WIRKLICH VERZEIHEN? [18]

(Heidrun Besemer-Grütter)

Heute Nacht werden die Uhren um eine Stunde zurückgestellt. Eine Stunde geschenkte Zeit! Wer hat nicht schon davon geträumt, einmal die Zeit zurückdrehen zu können, um einen Teil seiner Vergangenheit ungeschehen zu machen? - In einer Predigt erzählte einmal eine Kollegin folgende Geschichte:

Zwei Frauen, ungefähr gleich alt, sitzen am Ufer eines kleinen Sees. Beide so um die dreißig. Die Blicke sind auf das Wasser gerichtet, auf die Enten, die herumschwimmen. So müssen sich die Beiden nicht in die Augen sehen. Dieser Schutz ist es, der es möglich macht, dass die Eine anfängt zu erzählen: „Mein Mann wünscht sich schon so lange ein Kind und ich eigentlich auch. Wir sind jetzt fünf Jahre verheiratet und es geht uns gut. Wir können chic essen gehen, am Wochenende mal auf die Hütte fahren oder zwischendurch einmal kurz in den Urlaub jetten. Aber wenn wir dann nach Hause kommen, ist die Wohnung so leer und irgendwie hat die Beziehung keinen richtigen Sinn mehr, irgendwie fühlt sich das manchmal wie tot an. Und ich glaube, es liegt an mir, dass wir keine Kinder kriegen können."

---

[18] Predigt in Scheidegg und Weiler

„Warst du mal beim Arzt?" fragte ihre Freundin. „Ja längst, das ist es nicht", antwortete sie und klingt dabei aggressiv. „Was ist es dann?" fragt die Freundin. Lange blickt die Frau auf das Wasser, die Wellen plätschern eine ganze Zeit lang ans Ufer, bis sie wieder anfängt zu erzählen. „Ich war Anfang zwanzig, da hatte ich eine Freundin. In den Ferien fuhren wir zusammen in den Urlaub. Du weißt ja wie das geht, heimlich hat sie jemand kennengelernt, ein Urlaubsflirt. Gegen Ende der Ferien war alles schon wieder vorbei, sie hatten nicht einmal Adressen ausgetauscht. Als wir dann zu Hause waren, merkte sie irgendwann, dass sie schwanger ist, verstehst du das, mitten in der Ausbildung. Sie war sich sicher, das Kind nicht behalten zu können, sie musste es abtreiben lassen. Und weil alles so schnell gehen musste, ging sie in eine Privatklinik. Ich lieh ihr das Geld und bin mit ihr gegangen. Heute weiß ich nicht mal, wo sie wohnt." Die andere schweigt. „Weißt du, ich glaub' immer noch, dass es richtig war und dass wir damals keine andere Möglichkeit hatten." Den nächsten Satz flüsterte sie fast nur noch: „Glaubst du, dass ich kein Kind bekommen kann, weil ich dabei geholfen habe, dass ein Kind abgetrieben wurde? Glaubst du, dass ich deshalb von Gott bestraft werde?" Es wird ein langes Gespräch an diesem Nachmittag am See. Die Frau redet, erklärt, Tränen fließen. Doch irgendwann fragt ihre Freundin: „Könntest du es glauben, dass Gott dir verzeiht?" Seit es Menschen gibt, haben sich Menschen diese bange Frage gestellt.

Da steht am Anfang der Bibel die Geschichte von Eva, die sich verführen lässt vom Bösen gegen Gottes Gebot zu handeln. Aus Scham und Angst verstecken sie sich, Adam und Eva, weil sie es sich nicht vorstellen können, dass es Vergebung gibt. Hernach erschlägt der irregeleitete Kain seinen friedlichen Bruder Abel. Auch er kann es sich nicht vorstellen, dass der gütige Gott nach dieser Bluttat ihm noch eine Chance zum Leben gibt, wenn auch belastet mit einem Kainszeichen auf der Stirn. Wer mit Gott ringt, trägt manchmal eine Behinderung davon; So wie Jakob, dem Gott auf die Hüfte schlägt und der von nun an hinkt. Aber der Stammvater darf weiterleben und ein großes Volk wird aus ihm werden. Jona macht Gott geradezu Vorwürfe: Wusste ich es doch, dass du ein gütiger Gott bist, der sich nicht an sein Unheilswort über Ninive hält, sondern aus Barmherzigkeit den reumütigen Bewohnern Ninives noch einmal das Leben schenkt. Wie stehe ich jetzt da vor den Menschen mit einem so wankelmütigen Gott, der erst Unheil verkünden lässt, und der sich dann doch nicht an sein Wort hält, sondern großzügig und inkonsequent Schuld vergibt und neues Leben ermöglicht.

Gott ist anders. Du sollst dir kein Bildnis von Gott machen. Gottes Güte ist größer als alles, was Menschen sich ausdenken können. Der Friede Gottes ist höher als alle Vernunft. Alte Wahrheiten - oft gehört - immer wieder neu verkündet. Manchmal habe ich in meinem Leben als Pfarrerin darunter gelitten, immer wieder die gleiche Botschaft zu verkündigen, es immer wieder den gleichen Menschen, der Kerngemeinde, zu sagen, die es ja längst weiß. Auch der heutige Predigttext wiederholt immer wieder die gleiche Botschaft wie sie von Anfang an lautet: Ich schreibe euch kein neues Gesetz, sondern ein altes Gebot, das ihr von Anfang an hattet. So lautet es in 1. Johannes 2,12ff. Hier steht es schwarz auf weiß; ich sage es nicht allgemein, das wäre unverbindlich. Ich schreibe euch - ihr Väter; ich schreibe euch - ihr jungen Männer, dass euch die Schuld vergeben ist. Ihr habt die Botschaft des Vaters von Anfang an. Und das reicht für euer ganzes Leben. Mehr braucht ihr nicht! In den drei Versen heißt es neunmal: „Ich schreibe euch!" Er hämmert uns die Botschaft geradezu ein. Es klingt wie eine Litanei, wie ein Refrain, wie eine Botschaft, die ernst genommen werden soll, die über allem steht, die Mann/Frau/Kind nie mehr vergessen sollen.

Heute haben wir das Briefschreiben weithin verlernt. Es erscheint altmodisch, ist nur etwas für die, die keinen Computer, kein Handy und keinen Internetanschluss besitzen. Und doch ist ein Brief oft viel mehr wert als eine eben mal hingeworfene Email. Ein Brief, das ist ein Dokument, lässt sich nicht wieder auslöschen, kann nur schwer wieder zurückgenommen werden, ist verbindlicher und persönlicher. Ein in Ruhe und Gelassenheit geschriebener Brief kann ein Zeichen für Vertrauen sein. Manchmal kann so ein Brief die Form eines Tagebuchs annehmen, in dem ich mit Gott, meinem intimsten Freund, ein Gespräch führe. Wie befreiend kann es sein, Gott etwas zu sagen, das wir einem Menschen vielleicht nie anvertrauen würden.

„Worauf ihr euch verlassen könnt", ist der Titel eines Buches prominenter Zeitgenossen. Großeltern schreiben an ihre Enkel. Es ist der Versuch, ihnen auch im 21. Jahrhundert verbindliche Einsichten und Orientierung für ihr Leben zu geben. Dahinter steht die Überzeugung, dass es ohne Werte in der Erziehung nicht geht. Wenn auch eine späte, so doch eine wahre Einsicht. „Worauf ihr euch verlassen könnt", so könnte auch der heutige Predigttext aus 1. Johannes 2,7-17 überschrieben sein:

„Meine lieben Freunde, ich verkündige euch kein neues Gebot, sondern das alte. Es ist die Botschaft, die ihr gleich zu Anfang gehört habt und seitdem kennt. Und doch ist es auch ein neues Gebot, weil seine Wahrheit sich an Christus und an euch gezeigt

hat; denn die Dunkelheit nimmt ab, und das wahre Licht leuchtet schon.

Wer behauptet, im Licht zu leben, aber seinen Bruder hasst, der ist immer noch im Dunkeln. Nur wer seinen Bruder liebt, lebt wirklich im Licht. In ihm ist nichts, was einen anderen an Gott irre werden lässt. Wer aber seinen Bruder hasst, der lebt in der Dunkelheit. Er tappt im Dunkeln und hat die Richtung verloren; denn die Dunkelheit hat ihn blind gemacht.

Ich schreibe euch, ihr Kinder, weil eure Schuld vergeben ist. Das verbürgt der Name Jesus Christus. Ich schreibe euch, ihr Väter, weil ihr den kennt, der von Anfang an da ist. Ich schreibe euch, ihr jungen Leute, weil ihr den Satan besiegt habt.

Ich schreibe euch Kindern, weil ihr den Vater kennt. Ich schreibe euch Vätern, weil ihr den kennt, der von Anfang an da ist. Ich schreibe euch jungen Leute, weil ihr stark seid. Das Wort Gottes ist in euch lebendig, und ihr habt den Satan besiegt.

Ihr sollt die Welt und das, was zu ihr gehört, nicht lieben. Wer die Welt liebt, in dessen Herz ist kein Platz mehr für die Liebe zum Vater. Wie sieht es denn in der Welt aus? Die Menschen lassen sich von ihrer Selbstsucht treiben, sie sehen etwas und wollen es dann haben, sie sind stolz auf Macht und Besitz. Das alles kommt nicht vom Vater, sondern gehört zur Welt. Die Welt und alles, was Menschen in ihr haben wollen, ist vergänglich. Wer aber tut, was Gott will, wird ewig leben."

Ein schwieriger, ja unmöglicher Text, so schreibt ein Kommentator. Ich finde das nicht, denn es geht um die uralte Botschaft als Grundlage für alles Leben: Euch sind eure Sünden vergeben. Daraus folgt alles andere. Der Verfasser des Johannesbriefes sagt: Du kannst dich darauf verlassen, dass Gottes JA zu deinem Leben gilt, was auch immer geschieht. Du kannst dich darauf verlassen, dass er dir deine Schuld vergibt. Du kannst dich darauf verlassen, dass du ein Kind des Lichtes bist und nicht der Finsternis. Das ist die Botschaft von Christus. Und deshalb gilt: Lass sie endlich los - die dunklen Gedanken in dir. Lass es endlich fallen - all das Schwere in deinem Leben. Lass es fallen, was dich am Leben hindert, was dir die Ruhe der Nacht stiehlt, was dich bis in die Träume hinein verfolgt. „Ich habe keinen Gefallen an denen", sagt der Psalmist, „die nachts nicht schlafen können." Ein Wort, das mich einmal tief getroffen hat. Du kannst vieles loslassen in deinem Leben, wenn du der Urbotschaft Gottes vertraust. Du kannst dich selbst loslassen und alles, was in deinem Leben misslungen ist. Dein inneres Chaos. Das Gefühl, du hältst das Leben nicht aus. Du hältst dich selbst nicht aus. Deine Einsamkeit, deine Dunkelheiten, deine Zweifel, deine Ängste vor Menschen, die es immer schon besser zu wissen meinen. Lass sie endlich los - all die Gebote und Verbote, die dich seit deiner Kindheit belasten, die dir die Luft zum Atmen nehmen.

Dir sind deine Sünden vergeben. Das heißt auch: Verabschiede dich von den leeren Stoppelfeldern deiner Vergangenheit. Schau auf das, was dir gelungen ist in deinem Leben. Vor Gott gibt es keine leeren Scheunen; jeder Mensch hat etwas drin in seiner Scheune und sei es nur ein Lächeln, das er einem Traurigen geschenkt hat. Schau auf die Berggipfel, die nach dem Sonnenuntergang noch leuchten. Mach Schluss mit allem, was dich von dir selbst und deinem Gott abbringt, was dich gekränkt und verletzt hat, was dich bindet und unfrei macht. Befreie dich, denn du bist befreit. *Gott hält dich aus.* Fast penetrant ruft der Verfasser des Johannesbriefes uns die alte Botschaft ins Gedächtnis: Du kannst dich darauf verlassen: Gott hat sich in seinem Sohn Jesus Christus mit dir versöhnt und dich erlöst, auch von großer Schuld. Du kannst dich aufrichten. Glaub's und lebe es.

15.

WENN DAS LEBENSLICHT
ZU FLACKERN BEGINNT[19]

(Heidrun Besemer-Grütter)

Wettervorhersagen sind wie das Leben: „Wolkig - gebietsweise Regen - mit gelegentlichen Aufhellungen." So etwa könnten viele von uns antworten auf die häufig gestellte Frage: „Wie geht es Ihnen?" Statistische Untersuchungen haben ergeben, dass 85% der Fragenden überhaupt nicht an einer Antwort interessiert sind. Meist wird die Frage: „Wie geht's?" schnell übergangen oder nur oberflächlich beantwortet: „Es geht!" - „Danke gut!" - „Unkraut vergeht nicht!" - Manchmal merken wir es gar nicht, wie unser Gegenüber bei der Frage zusammenzuckt und schnell abzulenken versucht. Ja, was wäre denn, wenn ich auf die Frage wirklich ehrlich antworten würde? Hat der Fragende wirklich ein Interesse daran, zu erfahren, ob ich gerade auf der Sonnenseite oder vielleicht tief in der Schattenseite des Lebens bin? Wäre er denn bereit, mir zuzuhören, still zu werden, sich Zeit für mich zu nehmen, die Zwischentöne zu hören, die ich nicht aussprechen mag? Und: Wäre er denn fähig, mit mir in die Abgründe des Lebens zu schauen? Wäre er offen für ehrliche Fragen, die manchmal Fragen bleiben müssen, weil Antworten darauf nie so schnell zu finden sind?

---

[19] St. Verena, Lindau

Den Mut, wahrhaftig zu sein, kann ich nur denen gegenüber aufbringen, zu denen ich auch Vertrauen habe: Menschen, die bereit sind, sich auf mich einzulassen samt all den Problemen, die auf mir lasten! Wo dies nicht der Fall ist, ziehe auch ich mir eine Maske übers Gesicht, um mich vor dem Zugriff derer zu schützen, für die ich in Wirklichkeit gleichgültig bin, oder die mich für ihre Zwecke missbrauchen wollen.

Wir kommen alle von Weihnachten her. Viele Kerzen haben wir angezündet. Vielleicht haben sie nur für ein paar Minuten oder Stunden und Tage ein bisschen Glanz in unser Leben gebracht, so manche Sorge ein wenig zugedeckt, verschwunden im Rausch der Lichter. Doch die Idylle trügt. Auch sie ist bedroht. So manchen Docht haben wir verglimmen sehen. Ein kleiner Windstoß genügte, um die Kerze auszublasen. Dann ist aller Glanz vorüber. Statt Licht bleibt nur noch Glut; statt Kerzenschimmer Rauch, der uns den Atem nehmen kann.

Eben noch konnten wir uns erfreuen an den Lichtern im Weihnachtsgottesdienst. Unser Herz war noch offen für das Gebet, für die himmlische Musik. Plötzlich aber kippte alles um ins Gegenteil. Erschöpfung, Müdigkeit, Lustlosigkeit, Apathie und Leere erfüllen das Herz. Da steht man nun vor der Krippe und dem Lichterbaum - und alles lässt einen so merkwürdig unberührt, kalt, leer, gleichgültig. Was ist geschehen? Das Fest der Liebe mit all seinen Ansprüchen ist zur vorprogrammierten Enttäuschung geworden. Das Ergebnis: Erschöpfung, Kräfteverlust, Gereiztheit. Die Wissenschaftler nennen diesen Zustand: das „burnout Syndrom". Wie eine Epidemie breitete sich dieses Leiden in den letzten Jahrzehnten unter uns aus. Es sind oft die tüchtigsten und kreativsten Erfolgsmenschen, die sich diese Krankheit - und um eine solche handelt es sich - zugezogen haben. Menschen mit hohen positiven Lebenszielen; Menschen, die jahrelang ihr Licht an beiden Enden angezündet haben, die sich keine Pause, keine Auszeit mehr gegönnt haben. Plötzlich stehen sie vor einer großen Leere.

In einer solchen Situation kann es hilfreich sein, sich des Wortes eines Propheten zu erinnern, der in Jesaja 42 dem geschlagenen Volk im Namen Gottes zurief: „Er wird das geknickte Rohr nicht zerbrechen, und den glimmenden Docht wird er nicht auslöschen." Ein aufrichtendes, ermutigendes Wort, das denen gilt, die in die Leere des Lebens abgestürzt sind.

Mit wie viel Begeisterung sind sie einst ins Leben gestartet. Sie wollten die Welt verändern, sie heller und besser machen. Und dann kam ein Windstoß, der ihr Leben ins Wanken brachte: Misserfolg, Missgunst, Mobbing, Versagen, Krankheit, Ende der Partnerschaft, Tod in der Familie. Und das Licht des Lebens begann zu flackern. Der Mut zum Leben hat einen Knick bekommen. Übrig geblieben ist ein bisschen Glut, die aber nach und nach verglimmt. Am Ende wird, wenn kein Wunder geschieht, nur noch Rauch verloschener Kerzen über uns schweben.

Enttäuschte Menschen verbreiten oft Bitterkeit um sich und Niedergeschlagenheit. Oft sind sie kaum mehr zum Aushalten. Sie rauben einem die Luft zum Atmen, die Lust zum Leben. Freunde wenden sich ab von ihnen. Sie werden einsam, gefangen in ihrem Selbstmitleid. Sie gleichen einer abgebrannten Kerze, die zu nichts mehr zu gebrauchen ist. Man kann sie nur noch wegwerfen, so schön sie auch einmal war. So empfinden sich viele Menschen: Abgebrannt, ausgebrannt, am Ende mit sich selbst.

In diese Dunkelheit hinein lässt der Prophet ein Licht aufleuchten, das neue Hoffnung und neues Leben ankündet. „Gott wird das geknickte Rohr nicht zerbrechen, und den glimmenden Docht wird er nicht auslöschen." Selbst wenn alle Lichter der Welt einmal erlöschen, selbst dann, wenn der Tod seine Schatten über uns ausbreitet, bleibt er, Christus, das Licht der Welt, die Hoffnung derer, die in Finsternis und Schatten des Todes sind. Sein Licht wird nicht erlöschen, auch dann nicht, wenn unser Licht zu flackern und zu erlöschen droht. Hoffnung genug, das Leben nochmals neu zu beginnen.

Im Buddhismus gibt es eine wunderbare Sitte: Der Buddha oder der Meister gibt dem, der auf der Suche nach der Wahrheit ist, ein sogenanntes „Mandra", ein zunächst völlig unverständliches Wort zum Meditieren mit auf den Weg. Monatelang muss der Gläubige dieses Wort auf der Zunge tragen, es immer wieder wiederholen - bis er zur Erleuchtung kommt und das verschlüsselte Wort sich ihm öffnet.

Ich denke, dass auch das Wort des Propheten vom „zerknickten Rohr" und „glimmenden Docht" für uns so ein Mandra sein könnte, das wir ein Leben lang auf der Zunge tragen und es immer wieder wiederholen sollten. Denn das Prophetenwort ist zugleich Gottes Wort, das denen gilt, die geknickt und gebeugt durch ein finsteres Tal zu gehen haben. Gott wird Dich nicht abschreiben. Er wird Dir zur Seite stehen und Dein Lebenslicht nicht auslöschen. Du darfst noch einmal beginnen.

16.

WEGERFAHRUNGEN

Mit den Füßen beten[20]

(Heidrun Besemer-Grütter)

„Wer die Osterbotschaft gehört hat, der kann nicht mehr mit tragischem Gesicht herumlaufen und die humorlose Existenz eines Menschen führen, der keine Hoffnung hat." (Karl Barth). Weil wir nicht humorlose Menschen sind, die ohne Hoffnung leben, haben wir uns heute morgen hier versammelt, zu einem fröhlichen Ostermontag-Gottesdienst, zu dem ich Sie herzlich begrüße. Ostern ist Ausdruck der Hoffnung, der Freude und der Gewissheit, dass das Leben wieder Sinn hat. Der Weg geht weiter. Seit Jesus vom Tod auferstanden ist, haben Leid, Schuld und Tod einen Sinn. Deshalb wollen wir jetzt Ostern nachspüren. Und weil Ostern nichts Verkopftes ist, sondern all unsere Sinne ergreifen und bewegen will, deshalb werden wir in diesem Gottesdienst auch tanzen.

> „Legt eure Müdigkeit auf den Boden und tanzt,
>
> tanzt eure Heiterkeit und tanzt eure Trauer,
>
> tanzt eure Ausgelassenheit und tanzt eure Schwere,
>
> tanzt eure Hoffnung und tanzt eure Ängste,
>
> tanzt das Sichtbare und tanzt das Geheimnis,
>
> tanzt allein, tanzt mit anderen,

---

[20] Predigt im Rahmen eines Tanzgottesdienstes am Ostersonntag in St. Stephan, Lindau. Musikalisch gestaltet von Johannes und Nina Grütter.

tanzt den Alltag und tanzt das Fest,

tanzt das Unendliche, tanzt das Heil,

tanzt." (H.M.Lauder)

Wir tanzen den Kanon: „Der Herr ist auferstanden".

Der Predigttext steht in Lukas 24,13-35:

„Und siehe, zwei von ihnen gingen an demselben Tag in ein Dorf, das war von Jerusalem etwa zwei Wegstunden entfernt, dessen Name ist Emmaus. Und sie redeten miteinander von allen diesen Geschichten. Und es geschah, als sie so redeten und sich miteinander besprachen, da nahte sich Jesus selbst und ging mit ihnen. Aber ihre Augen wurden gehalten, dass sie ihn nicht erkannten.

Er sprach aber zu ihnen: Was sind das für Reden, die ihr da auf dem Weg miteinander führt? Da blieben sie traurig stehen. Und der eine, mit Namen Kleopas, antwortete und sprach zu ihm: Bis du der einzige unter den Fremden in Jerusalem, der nicht weiß, was in diesen Tagen dort geschehen ist? Und er sprach zu ihnen: Was denn? Sie aber sprachen zu ihm: Das mit Jesus von Nazareth, der ein Prophet war, mächtig in Taten und Worten vor Gott und allem Volk; wie ihn unsre Hohenpriester und Oberen zur Todesstrafe überantwortet und gekreuzigt haben. Wir aber hofften, er sei es, der Israel erlösen werde. Und nun ist zu alledem heute schon der dritte Tag, seit dies geschehen ist. Auch haben uns erschreckt einige Frauen, aus unserer Mitte, die sind früh bei dem Grab gewesen, haben seinen Leib nicht gefunden, kamen und sagten: sie haben eine Erscheinung von Engeln gesehen. Sie sagten: er lebe. Und einige von uns gingen hin zum Grab und fanden es so, wie die Frauen sagten; aber ihn selbst sahen sie nicht.

Und er sprach zu ihnen: O ihr Unverständigen, wie träge ist euer Herz, all denen zu glauben, was die Propheten geredet haben! Musste nicht Christus dies alles erleiden und in seine Herrlichkeit eingehen? Und er fing an bei Mose und allen Propheten und legte ihnen aus, was in der ganzen Schrift von ihm gesagt war. Und sie kamen nahe an das Dorf, wo sie hingingen. Und er stellte sich, als wollte er weitergehen. Und sie nötigten ihn und sprachen: Bleibe bei uns; denn es will Abend werden, und der Tag hat sich geneigt. Und er ging hinein, bei ihnen zu bleiben. Und es geschah, als er mit ihnen zu Tisch saß, nahm er das Brot, dankte, brach's und gab es ihnen. Da wurden ihre Augen geöffnet, und sie erkannten ihn. Er aber verschwand vor ihnen. Und sie sprachen untereinander: Brannte nicht unser Herz in uns, als er mit uns redete auf dem Weg und uns die Schrift öffnete? Und sie standen auf zu derselben Stunde, kehrten zurück nach Jerusalem und fanden die Elf versammelt und die bei ihnen waren.; die sprachen: Der Herr ist wahrhaftig auferstanden und Simon erschienen. Und sie erzählten ihnen, was auf dem Wege geschehen war und wie er von ihnen erkannt wurde, als er das Brot brach."

„Vor allem verliere nie die Lust am Gehen!" So steht es im diesjährigen Festkalender von „7 Wochen ohne", Worte von Sören Kierkegaard. Und weiter sagt er: „Ich habe mir meine besten Gedanken ergangen, und ich kenne keinen noch so großen Kummer, den man nicht weggehen kann." Dieselbe Erfahrung machten auch die beiden Jünger am Ostermontag: Zwei Jünger gehen. Sie ziehen sich zurück von Jerusalem, dem Ort ihrer Enttäuschung. Eine Welt ist für sie zusammengebrochen. Das Leben hat ihnen hart zugesetzt. Das mit Jesus von Nazareth hatten sie sich anders vorgestellt. Dieser Mensch mit seiner großen Ausstrahlungskraft hatte sie überzeugt. Wie viele andere fühlten sie sich angezogen von seiner Art, die Schrift auszulegen; angezogen von seiner Nähe und Liebe, die er vor allem jene spüren ließ, die von der Gesellschaft ausgeschlossen und die nur mit Naserümpfen betrachtet wurden. In der Begegnung mit ihm waren sie dem Himmel näher gekommen. Freud und Leid hatten sie mit ihm geteilt. In seiner Nähe konnten sie aufblühen, konnte Leben gelingen. Das erfuhren sie, tief innerlich. Das hatte sie unabhängig gemacht vom Geschwätz der Leute, von engherziger bürgerlicher Moral, von hierarchischen Strukturen ihrer jüdischen „Amtskirche". Große Erwartungen wurden geweckt. Hoffnungen, die das Leben reich und glücklich machen. Gott will, sagte dieser Jesus, dass euer Leben gelingt. Solche Erfahrungen und Ermutigungen zum Leben spürten sie auf ihrem Weg mit ihm durch Galiläa. - Aber nun ist alles vorbei: Die Rechnung ist nicht aufgegangen. Hingerichtet am Kreuz. Welche Enttäuschung, welche Scham, welche Schmach!

In dieser inneren Verfassung gehen sie weg von Jerusalem, zurück in ihr kleines Dorf Emmaus, mit gebrochenem Herzen. Sie versuchen, ihren Kummer 'wegzugehen', sich die Enttäuschung von der Seele zu laufen.

Pilgern ist heute 'in'. Pilgerwege durchziehen ganze Teile von West- und Osteuropa. Menschen gehen weite Strecken zur inneren Klärung, zur Überwindung von Glaubenszweifeln und persönlichen Krisen über Grenzen von Nationen und Konfessionen hinweg. Pilger sind auf der Suche nach einem Neubeginn, nach Oasen der Stille, der Konzentration, aus Sehnsucht nach echtem, unverfälschtem Leben, jenseits allen Konsums und billigen Entertainments.

„Mit den Füßen beten", heißt ein kleines Buch über das Pilgern. Mit den Füßen loslassen, mit den Füßen eine Veränderung in meinem Leben erspüren. Mit den Füßen die Osterbotschaft nachvollziehen. Mit den Füßen über sich selbst hinauswachsen, in einer Gebärde des Sich-Vorweg-Seins.
So sind auch die Jünger am Ostermontag von Jerusalem nach Emmaus und wieder zurück gegangen. Sie haben den ersten

Schritt gewagt, was gewiss auch für sie nicht leicht war. Sich selbst überwindend sind sie ihrer Traurigkeit sozusagen vorweg gelaufen. Sie sind über ihren eigenen Schatten gesprungen, haben die Scham überwunden, haben die schlechten Erfahrungen im Gehen hinter sich gelassen. So konnten sie den Kummer im Herzen 'über-gehen', die Bitternis 'weg-gehen'. Die anderen neun Jünger und Freundinnen Jesu ließen sie in Jerusalem zurück. Sie ließen sich nicht locken, den Weg mitzugehen, sich mit auf den inneren Weg zu begeben.

Es ist nicht leicht, es auszuhalten, wenn Menschen, die wir lieben, den Weg nicht mitgehen, wenn sie sich weigern, der Einladung zu folgen. Wenn sie uns sagen: Es hat doch eh keinen Sinn. Es bringt doch eh alles nichts. Es ist doch eh alles egal. Wir möchten so gern, dass sie ein paar Schritte mit uns gehen, um neue Erfahrungen zu sammeln, um ihren Blick zu weiten; doch sie erwarten nichts mehr von Kirche, sie bleiben wo sie sind. Vielleicht sind wir ihnen auch zu fromm, zu spirituell, um nicht zu sagen: zu verrückt! Das tut weh. Das ist einer Freundschaft nicht zuträglich. Mit der „Trotzmacht des Geistes" müssen wir den Weg oft allein wagen, müssen Wege finden gegen die Zweifel, auch gegen aufkommende Selbstzweifel. Ähnlich wie beim ökumenischen Abendmahl, das wir alle erhoffen - und wo wir gerne schon mal den Tisch decken wollten, bevor sich die Kirchenleitungen einigen können. Eine so vorweggenommene Gebärde könnte den Zweifel überwinden, der Osterbotschaft entsprechen..

Als die Jünger unterwegs waren auf dem Weg nach Emmaus, wurde ihr Lebensweg plötzlich durchkreuzt: Es tritt ihnen einer in den Weg, einer, der ihren Weg unterbricht.

Es ist gut, wenn wir auf unseren Wegen manchmal unterbrochen werden, wenn uns einer in den Weg tritt, der uns aus dem Grübeln und dem „Um-Uns-Selbst-Kreisen" herausholt, der Fragen an uns stellt, der uns neue Wege eröffnet. Einer, der uns aufmerksam zuhört. Einer, dem man sich anvertrauen kann, der uns ganz nahe kommt. Einer, der nicht sagt: Das Leben ist sinnlos, ungerecht, zum Verzweifeln, da musst du eben durch. Nein: einer, der andersherum fragt: Wie kannst du dem Leben, das dich so sehr fordert, antworten? Wie kannst du den Verlust, den Schmerz in deinem Leben positiv umsetzen? Einer, der mir Wege aufzeigt, wie ich über mich selbst hinauswachse, wie ich mich von mir und meinem Kummer distanzieren kann, indem er mir den Blick auf das Du neben mir öffnet und mich auf eine Aufgabe hinweist, die mich selbst überwindet. Dann kann das Leben wieder mit neuer Lust beginnen. „Brannte nicht unser Herz?" - so erinnern sich die Jünger später. Eine Glut, ein Feuer, eine Begeisterung, die das Leben umkrempelt, neue Hoffnung in uns wachsen lässt.

Es tut gut, erzählen zu können, sich freimütig mitteilen zu können, anzukommen, gehört zu werden. Wer wünschte sich das nicht? Im stillen Kämmerlein wächst so mancher Kummer, den wir uns so gerne mal vom Herzen reden möchten. Im Weitergehen finden die Jünger die richtigen Worte, die richtigen Schritte, allen spitzen Steinen zum Trotz, die sich ihnen in den Weg legen. Dennoch sind sie immer noch mit Blindheit geschlagen. Sie beschäftigen sich immer noch mit ihren fixen Ideen und Vorstellungen, wie der Retter Israels sein müsste, was er bewirken und verwandeln müsste. Noch immer erkennen sie ihn nicht. Mit Jesus reden sie über Jesus, ohne Jesus.

Solange wir Gott festlegen, ihn auf eine bestimmte Vorstellung fixieren, wird er sich uns nicht offenbaren. Solange wir Gott missbrauchen mit unseren Gebeten, entzieht er sich uns. Gott ist der ganz andere, der Unverfügbare. Eben das erfahren die Jünger bei jener abendlichen Begegnung.

Jesus öffnet ihre Herzen, als er mit ihnen über die Propheten spricht. Dabei kommt er ihnen ganz nahe. Er befreit sie von ihren fixen Vorstellungen, sodass sie nun mehr von ihm haben, mehr hören wollen: „Herr, bleibe bei uns, denn es will Abend werden", so drängen sie. Und dann nimmt er das Brot, bricht es - und da fällt es ihnen wie Schuppen von den Augen: Die Eindeutigkeit seiner Geste überzeugt. Jesus setzt deutliche Akzente. Nichts Halbherziges, nichts nur eben so dahin Gesagtes. Jesus ist ganz bei der Sache, ganz bei seinem Auftrag, ganz bei den Menschen, eindeutig, unverwechselbar. Wortlos macht er sich ihnen vertraut. Das Brotbrechen ist das Erkennungszeichen. Die Wortlosigkeit trifft. Das Schweigen überzeugt. Der einfache Ritus öffnet die Herzen.

Die Auferstehungsbotschaft lebt von Menschen, die sich öffnen lassen. Jetzt kann plötzlich alles fallengelassen werden, was auf dem Weg zur Wahrheit hinderlich war, auf dem Weg zum Leben. Alle Enge ist überwunden. Im Herzen brennt's. - nur für einen Augenblick - und doch für die Ewigkeit. Das ist der Wendepunkt. Die Wahrheit ist ganz einfach, ganz konkret. Weil Jesus uns im Brotbrechen so nahe kommt, so hautnah, können auch wir das Leben noch einmal neu beginnen, Einsamkeit überwinden, Tränen trocknen, uns gegenseitig Nähe und Zuwendung schenken. Mit dem Licht der Osternacht schenkt Gott uns neue Perspektiven für das Leben, neue Sinnerfahrung. Der Osterweg ist nicht das Ende, sondern der Anfang.

17.

NEUES LEBEN AM „TOTEN" PUNKT[21]

Wie soll das geschehen?

(Karl Besemer)

„Quasimodogeniti" - so lautet der Name des heutigen Sonntags nach Ostern. Ein schwer auszusprechendes Wort: Quasimodogeniti. Was damit aber gesagt werden soll, ist hoch aktuell, nicht nur für Christen, auch für Nichtchristen. Es geht nämlich um die Frage, ob unser irdisches Leben nur einmal oder mehrere Male gelebt werden kann. Es wird kaum jemand geben, der nicht schon darüber nachgedacht hat, ob ein misslungenes Leben nicht durch ein neues zu ersetzen sei. - Unsinn! werden manche sagen: Misslungenes Leben ist nicht reparabel. Niemand kann auch nur ein einzig böses Wort zurücknehmen, mit dem er Unheil angerichtet hat. Es gibt nur ein Leben. Und das ist genug!

Quasimodogeniti, zu Deutsch: „Lebt wie Neugeborene", erinnert uns daran, dass es durchaus die Möglichkeit gibt, das Leben neu zu beginnen, auch und gerade dort, wo es am „toten" Punkt angelangt ist. Wie aber soll das geschehen?

Seit Jahrzehnten geistert das Wort „Reinkarnation" durch Europa, jene fernöstliche Vorstellung, wonach der Mensch so oft wiedergeboren werden müsse, bis er es endlich geschafft habe, voll-

---

[21] Predigt in der Auferstehungskirche in Ruit/Ostfildern

kommen rein ins Nirwana einzugehen. Für manche Menschen unserer heutigen Spass- und Wohlstandsgesellschaft scheint die Reinkarnation deshalb so faszinierend zu sein, weil sie verspricht, verfehltes und unvollkommenes Leben durch mehrere Wiedergeburten wieder gutmachen zu können. Die Vorstellung, es gebe nur ein einziges Leben, ist deshalb so bedrückend, weil es uns Menschen doch nur selten gelingt, so zu leben wie wir es gerne hätten.

Hinter der Philosophie der Reinkarnation steht aber die Vorstellung, der Mensch verfüge über eine unsterbliche Seele, die den Körper nach dem Tod verlässt, um unmittelbar danach in einem anderen Körper Wohnung zu nehmen. Die Wiederverkörperung hat so oft zu erfolgen, bis die Seele in geläutertem Zustand ins göttliche Nirwana einzugehen vermag. Sowohl in der ägyptischen und keltischen Religion, als auch in der gnostisch-hellenistischen Religionsphilosophie findet sich dieser Gedanke, der seinen Niederschlag im heutigen Spiritismus, der Esoterik und der Anthroposophie gefunden hat. Aus der Sicht des christlichen Glaubens sind jene Läuterungsprozesse der Reinkarnationen ein Versuch des Menschen, sich selbst zu erlösen. Der Christ aber kann sich nicht selbst erlösen. Er ist allein auf die Annahme durch die Güte Gottes angewiesen.

Auch die Bibel redet von Wiedergeburt, jedoch nicht in dem eben erwähnten Sinn, als sei sie ein Werk des Menschen, das Leben aus eigener Kraft vollkommen gestalten zu müssen.

Nikodemus, einer der Obersten des damaligen Judentums, war von der Frage umgetrieben, was getan werden müsse, um ein vollkommenes Leben zu erreichen. Des Nachts eilte er zu Jesus und fragte ihn: „Meister, was muss ich tun, damit ich ins Himmelreich komme?" Die Antwort Jesu lautet kurz und bündig: *„Wer nicht von oben her geboren wird, kann das Reich Gottes nicht schauen. Ich sage dir: Wer nicht aus Wasser und Geist geboren wird, kann nicht in das Reich Gottes eingehen."*
Nikodemus versteht nicht, was Jesus mit Wiedergeburt meint, auch nicht wie sie geschieht! Naiv fragt er zurück: *„Wie kann ein Mensch geboren werden, wenn er alt ist?"* - *"Kann er auch wieder in seiner Mutter Leib gehen, um nochmals geboren zu werden?"*
Der Predigttext des heutigen Sonntags vermag uns eine Antwort auf die Frage zu geben, was Jesus unter Wiedergeburt versteht und wie sie geschieht:

„Am Abend des ersten Tages der Woche, an dem Jesus vom Tod auferstand, waren die Jünger versammelt und hielten die Türen verschlossen aus Furcht vor den Juden. Da kam Jesus und trat

mitten unter sie und sprach zu ihnen: 'Schalom!'- 'Friede sei mit euch!' Und als er das gesagt hatte, zeigte er ihnen die Hände und seine Seite. Da wurden die Jünger froh, dass sie den 'Kyrios', den Herrn, sahen. Da sprach Jesus ein zweites Mal zu ihnen: 'Schalom!'- 'Friede sei mit euch!' Wie mich der Vater gesandt hat, so sende ich euch. Und als er das gesagt hatte, hauchte er sie an und spricht zu ihnen: Nehmet hin den heiligen Geist. Welchen ihr die Sünden erlasset, denen sind sie erlassen; und welchen ihr sie behaltet, denen sind sie behalten." (Johannes 20,19-29).

Eine eindrucksvolle, ja, geradezu alltägliche Szene, mit der Johannes schildert, wie neues Leben entsteht. Da sitzen gestandene Männer hinter verschlossenen Türen. Und das nicht nur aus Furcht vor den Juden, die sich historisch kaum begründen lässt! Es waren wohl andere Dinge, die ihnen auf der Seele lasteten. Der Text gibt zwar keine Auskunft darüber, was hinter den verriegelten Türen geschah. Ob die Jünger jammerten oder beteten, haderten oder verzweifelten? Wir wissen es nicht.

Soviel steht jedenfalls fest: Die Jünger Jesu zogen sich nach seiner Kreuzigung hinter verschlossene Türen zurück. Als er begraben wurde, sank auch der Glaube der Jünger ins Grab. Er, auf den sie all ihre Hoffnung setzten und glaubten, er würde Israel und die ganze Welt erlösen, er musste wie ein Verbrecher sterben, obwohl er doch nur Gutes tat! - Vermutlich war es aber nicht nur die Todestrauer, die sie bedrückte. Da war doch noch etwas anderes, was sie belastete. Es war ihr unbegreifliches Versagen, besonders in den letzten Tagen und Wochen, die hinter ihnen liegen. Wie in einem Film liefen die letzten Ereignisse in ihnen ab. Immer wieder werden sie ihr Versagen repetiert und reflektiert haben:

Zum Beispiel die Szene im Garten Gethsemane, wo Jesus mit dem Tode rang. Keiner von ihnen leistete ihm Beistand. Alle schliefen sie ein, als sein Schweiß wie Blutstropfen zur Erde fiel. Keine Spur von Solidarität und Anteilnahme ließen sie erkennen! Kein Mitgefühl! Und das alles angesichts eines Todeskampfes, der doch kein Kinderspiel ist!

Wenig später schlich Judas Ischariot, einer der Zwölf, davon und ging ins Lager der Feinde Jesu. Dort verriet er seinen Herrn um schäbige dreißig Silberlinge. Welch eine Niedertracht! Nachdem er das Schändliche getan hatte, konnte er seines Lebens nicht mehr froh werden. Er nahm einen Strick und erhängte sich an einem Baum.

Petrus, immer etwas vorlaut, zog bei der Festnahme Jesu das Schwert und hieb Malchus, dem Knecht des Hohenpriesters, das rechte Ohr ab. Jesus herrschte ihn an: Hast du denn vergessen, was ich euch gepredigt habe: „Ihr sollt nicht Böses mit Bösem vergelten!" „Stecke dein Schwert in die Scheide, denn wer das Schwert nimmt, der wird durchs Schwert umkommen!"

Um in Erfahrung zu bringen, was mit Jesus passiert, mischt er sich in die Volksmenge und zieht mit hinauf zum Palast des Hohen Rats. Seine Gefühle verbergend, stand er schweigend am flackernden Feuer im Hof, um das Gerichtsurteil abzuwarten. Eben dort aber wurde er von einer Magd erkannt, die zu ihm sprach: „Du bist doch auch einer von denen, die ihm nachgefolgt sind!" - „Du täuscht dich!" entgegnete Petrus: „Ich bin es nicht!" - Die Frau lässt nicht locker: „Deine Sprache verrät dich, du Galiläer!" - „Red' keinen Unsinn!" gibt Petrus zurück: „Ich bin es nicht!" Als er zum dritten Mal angesprochen wird, erhebt er zitternd die rechte Hand und sagt: „Ich schwöre es beim Himmel: Ich kenne den Menschen nicht! Auch bin ich niemals ihm nachgefolgt!" Da krähte der Hahn. Und Petrus weinte bitterlich.
Als Jesus wie ein Verbrecher hingerichtet wurde, verließen ihn die Jünger panikartig.

Am Abend des Ostersonntags jedoch geschah etwas Unfassbares: Der Auferstandene erschien seinen furchtsamen Jüngern hinter den verschlossenen Türen. Doch nicht das ist das unfassbare Wunder, dass er durch verschlossene Türen kam. Das weitaus größere Wunder war die Art und Weise, wie er seinen Jüngern begegnete. Kein heiliges Donnerwetter brach über sie herein. Keine Strafpredigt mussten sie über sich ergehen lassen. Er sagte nur ein einziges Wort, das lösende und erlösende „Schalom!" „Friede sei mit euch - Mit allem mögen sie gerechnet haben, nur nicht damit, dass er ihnen sozusagen die Hand zum Frieden reicht. Hätte er aber eben dies nicht getan, wäre seine Botschaft vom Frieden Gottes unglaubwürdig geworden. Karfreitag und Ostern hätten ihren Sinn verloren. Nun aber besiegelte der Auferstandene das Geschehen von Golgatha, indem er denen seinen Frieden anbot, die ihn verleugnet und verlassen haben.

Vielleicht ist es ihnen aufgefallen, dass im Johannes-Evangelium Ostern und Pfingsten, Sündenvergebung und Sendungsbefehl gleichsam in einem Atemzug genannt werden: „Wie mich der Vater gesandt hat, so sende ich euch. Welchen ihr die Sünden vergebet, denen sind sie vergeben; und welchen ihr sie erlasset, denen sind sie erlassen." Wer die Vergebung nicht annehmen will, muss weiterhin hinter verschlossenen Türen sitzen. Wer sie aber annimmt, wird ermächtigt, ein neues Leben zu beginnen. Der johanneische Sendungsbefehl besteht aus nur einem einzigen Wort: „Vergebung!" Sie allein schafft Frieden, Wiedergeburt und neues Leben.

Nicht das Versagen der Jünger Jesu ist skandalös. Der eigentliche Skandal würde darin bestehen, von Gott Vergebung empfangen zu haben, diese aber denen nicht zu gewähren, die darum bitten. Wo die Welt nach Rache und Vergeltung schreit, ermahnt der Auferstandene seine Jünger, denen die Sünde zu vergeben, die darum bitten und jenen sie zu behalten, die sie nicht erflehen.

Oft bedarf es nur kleiner Schritte, um die Versöhnung einzuleiten. Oft bedarf es nur eines freundlichen Blickes, um das Eis zum Schmelzen zu bringen. Oft genügt ein gutes Wort, ein freundlicher Blick, eine zärtliche Umarmung, um dem Frieden und dem neuen Leben den Weg zu bereiten. Das Wunder aller Wunder geschieht durch verzeihende Liebe. Wo die Liebe einkehrt, da kann das Leben neu beginnen.

18.

MEHR ORIENTIEREN;

WENIGER MORALISIEREN [22]

(Karl Besemer)

Die Älteren unter uns mögen sich an diesem Sonntagmorgen an jenen 1. September 1939 erinnert haben, an dem - heute vor 63 Jahren - der Zweite Weltkrieg ausbrach, der mehr als zwanzig Millionen Menschen des Leben gckostet hat.

Als Hitler am 30. April 1945, ohne jede Spur von Reue, in seinem Berliner Bunker Selbstmord beging, beschuldigte er zuvor das deutsche Volk, am katastrophalen Untergang seines Reiches selbst schuldig zu sein, weil es zu wenig gekämpft und zu wenig an ihn geglaubt habe.

Auf die Frage, ob sie schuldig seien, antworteten die obersten Führer des Naziregimes vor dem Nürnberger Tribunal fast geschlossen: „Nein, nicht schuldig!" Nur der Rat der Evangelischen Kirche in Deutschland bekannte im „Stuttgarter Schuldbekenntnis" offen seine Mitschuld mit den Worten: „Wir klagen uns an, dass wir nicht mutiger bekannt, nicht treuer gebetet, nicht fröhlicher geglaubt und nicht brennender geliebt haben." - Es ist ein Wunder vor unseren Augen, dass Gott unser abtrünniges Volk dennoch so gnädig aus der Katastrophe heraus geführt hat.

---

[22] Predigt in der Auferstehungskirche in Ruit zum Gedenken an den Kriegsausbruch 1939

Der Predigttext zum heutigen Sonntag ist dem ältesten uns erhaltenen Brief des Apostels Paulus entnommen. In 1. Thessalonicher 5,14-24 mahnt er die Gemeinde, ihr Tun und Lassen an dem Gott des Friedens auszurichten:

„Wir bitten und ermahnen euch aber, liebe Brüder, weist die Unordentlichen zurecht, tröstet die Kleinmütigen, tragt die Schwachen, seid geduldig gegen jedermann- Seht zu, dass keiner dem andern Böses mit Bösem vergelte, sondern jagt allezeit dem Guten nach untereinander und gegen jedermann.

Seid allezeit fröhlich, betet ohne Unterlass, seid dankbar in allen Dingen; denn das ist der Wille Gottes in Christus Jesus an euch. Den Geist dämpft nicht. Prophetische Rede verachtet nicht. Prüft aber alles, und das Gute behaltet. Meidet das Böse in jeder Gestalt.

Er aber, der Gott des Friedens, heilige euch durch und durch und bewahre euren Geist samt Seele und Leib unversehrt, untadelig für die Ankunft unseres Herrn Jesus Christus. Treu ist er, der euch berufen hat: er wird's auch tun, denn er steht zu seinem Wort.“

Ein ganzes Dutzend apostolischer Ermahnungen, die nicht moralisieren, sondern orientieren wollen. Seit Jahr und Tag wird darüber geklagt, unsere Gesellschaft befinde sich in einer Orientierungskrise. Seit der Pisastudie ist die Debatte neu entfacht, wer dafür verantwortlich sei. Ich habe nicht vor, in das Klagelied einzustimmen. Vielmehr möchte ich im ersten Teil der Predigt der Frage nachgehen, woher die Orientierungskrise kommt, und im zweiten Teil, wie sie möglicherweise überwunden werden kann.

Woher kommt die Orientierungskrise?

Hat die Familie versagt, die Schule, die Kirche oder gar wir alle zusammen? Die Frage lässt sich nicht so einfach beantworten. Ich vermute, dass die Orientierungslosigkeit weniger mit dem Versagen von Menschen und Institutionen zu tun hat, als vielmehr mit historischen und technischen Entwicklungen, die teils schleichend, teils wie Sturzbäche über uns gekommen sind.

Ein Blick in die Vergangenheit unseres Volkes zeigt, dass während der nationalsozialistischen Gewaltherrschaft Gottes Wort und zahllose christliche Wertvorstellungen mit Füßen getreten worden sind. Der Führer war der Verführer. Millionen Deutsche haben sich verführen lassen.

Wenige Wochen nach seinem Regierungsantritt standen die rassistischen Pläne Hitlers bereits fest: Juden und Zigeuner, Sintis und Romas, Geistigbehinderte und Oppositionelle müssen in Konzentrationslagern 'umgeschult' bzw. in Gaskammern vernichtet werden. Priester und Pastoren sollen verpflichtet werden, den Treueschwur auf Hitler abzulegen, also nicht mehr das Evangelium, sondern rassistische Naziparolen zu predigen, was die Kirche damals in „Deutsche Christen" und die „Bekennende Kirche" spaltete.

Es ging ein Aufatmen durch das Volk, als der Krieg zu Ende und die Diktatur beseitigt war. Unmittelbar nach dem Zusammenbruch gab Wolfgang Borchert die Parole aus: Nie wieder Krieg! „Du, Mann an der Maschine", lautete sein Aufruf an die Weltöffentlichkeit, „und du Mann in der Werkstatt. Wenn sie dir morgen befehlen, du sollst keine Wasserrohre und keine Kochtöpfe mehr machen - sondern Stahlhelme und Maschinengewehre, dann gibt es nur eins: Sag NEIN!

Du, Forscher im Laboratorium. Wenn sie dir morgen befehlen, du sollst einen neuen Tod erfinden gegen das alte Leben, dann gibt es nur eins: Sag NEIN!

Du, Pfarrer auf der Kanzel, wenn sie dir morgen befehlen, du sollst den Mord segnen und den Krieg heilig sprechen, dann gibt es nur eins: Sag NEIN!

Du, Mann auf dem Dorf und du Mann in der Stadt, wenn sie morgen kommen und dir den Gestellungsbefehl bringen, dann gibt es nur eins: Sag NEIN!

Du, Mutter in der Normandie und Mutter in der Ukraine - du, Mutter in Frisko und London - du, Mutter in Neapel und Hamburg und Kairo und Oslo - Mütter in allen Erdteilen, Mütter in aller Welt, wenn sie morgen befehlen, ihr sollt Kinder gebären, Krankenschwestern für Kriegslazarette und neue Soldaten für neue Schlachten, Mütter in aller Welt, dann gibt es nur eins: Sagt NEIN! Denn wenn ihr nicht NEIN sagt, Mütter, dann wird der Mensch sich selbst zerstören und das Antlitz der Erde verwüsten- wenn - wenn -wenn ihr nicht NEIN sagt."

Die Bundesrepublik Deutschland hat dieses NEIN nicht lange durchgehalten. Nach heftigen Debatten und Friedensdemonstrationen beschloss der Deutsche Bundestag in den Fünfziger Jahren die Wiederbewaffnung des Landes. Das Wettrüsten zwischen Ost und West nahm seinen Lauf.

Der zur Zeit drohende Irakkrieg treibt Millionen und Abermillionen Menschen auf die Straße, um gegen ihn zu demonstrieren. Gebe Gott, dass die demokratisch gewählten Regierungen in USA und Europa den Willen ihrer Wähler und Wählerinnen bedenken und respektieren!

Die demokratische Grundordnung unserer Republik gewährt den Menschen Glaubens- und Religionsfreiheit. Und das ist gut so. Demokratie darf nicht zur Diktatur entarten.

Der wirtschaftliche Aufschwung unter Ludwig Erhard förderte den Wohlstand und Reichtum im Land. Auch das war gut. Es ist besser, die Völker leben im Wohlstand als in Armut! Das deutsche 'Wirtschaftswunder' brachte uns aber leider nicht nur Wohlstand, sondern auch materialistisches Denken und Handeln, das sich immer mehr am Haben und weniger am Sein orientiert. Es waren vor allem die gesellschaftlichen und technischen Entwicklungen, die unser Leben so grundlegend verändert haben. Ich will es an drei Beispielen illustrieren:

Die bürgerlich-christliche Ehe, die bisher die einzig legale Form des Zusammenlebens von Mann und Frau in unserer Gesellschaft war, wurde jüngst durch einen Beschluss der Bundesregierung insofern tangiert, als nunmehr auch lesbische und homosexuelle Partnerschaften, wenngleich nicht der Ehe und Familie gleichgestellt - so doch rechtlich und gesellschaftlich anerkannt worden sind. Eine Entscheidung, die Zuspruch und Widerspruch im Land hervorrief.

Die Bevölkerung Europas war seit der Germanenmission ein christlich geprägter Kontinent, weshalb man auch vom 'christlichen' Abendland zu sprechen pflegt. Seitdem aber Millionen Fremdarbeiter unter uns wohnen, ist Europa zu einem multireligiösen und multikulturellen Kontinent geworden, so dass der Islam heute - neben Protestanten und Katholiken - zur drittgrößten Religion in Deutschland geworden ist. Eine Entwicklung, die wir selbst verursacht haben, nachdem wir 'Gastarbeiter' ins Land riefen. Eine Entwicklung, die uns zu einem interreligiösen Dialog nötigt, nicht zuletzt auch um des Friedens willen.

Die Völker Europas waren bis nach dem Zweiten Weltkrieg nationalstaatliche Gebilde, die unaufhörlich um die europäische Vormachtstellung gekämpft und blutige Kriege geführt haben. Diese Epoche scheint ihrem Ende entgegenzugehen, nachdem die Europäische Union und die globalisierte Welt Wirklichkeit geworden sind.

Somit stehen wir nun vor der Frage, wie wir auf solche Veränderungen reagieren müssen, die maßgeblich die abendländische Moral erschüttert und ins Wanken gebracht haben. Ich denke, dass es in zweifacher Weise geschehen muss: Zum einen wird es darum gehen, weniger zu moralisieren und mehr zu orientieren. Auf der andern Seite muss bedacht werden, dass das Problem der Orientierungslosigkeit nicht damit zu lösen ist, indem wir mittelalterliche Moralvorstellungen aus der Schublade ziehen. Es muss neu darüber nachgedacht werden, wie die Verantwortung vor Gott in der postmodernen Zeit wahrzunehmen ist, und wie eine in Gottes Wort begründete Ethik künftig auszusehen hat.

Der Predigttext regt uns an, die Antworten von dem „Gott des Friedens" herzuleiten, dessen Friede höher ist als alle menschliche, politische und wissenschaftliche Vernunft. Aber nur keine Sorge, als sei der Friede Gottes unvernünftig. Der Gott des Friedens ist nicht der Gott des Krieges! Der Gott der Liebe ist nicht der des Hasses. Der Gott der Vergebung ist nicht der der Vergeltung. Der biblische Gott ist menschenfreundlich, nicht menschenfeindlich!

Welche Dimension hat der Friede Gottes?

Die apostolischen Mahnungen des Predigttextes sind nicht nur vom eigenen Ich her entwickelt, sondern auch vom DU des Anderen. „Was du nicht willst, dass man dir tu', das füg auch keinem andern zu." Wenn wir uns bemühen, dass es dem Anderen gut geht, wird es auch uns gut gehen. Einer der Grundsätze christlicher Ethik lautet: „Nehmt einander an, wie Christus uns angenommen hat!"

Zur Dimension der Nähe muss auch die Dimension der Ferne hinzukommen. Der Friede Gottes zielt nicht nur auf den inneren, sondern auch auf den äußeren Frieden.

Schließlich hat der Friede Gottes auch eine seelsorgerische Dimension. Der zweite Teil der apostolischen Ermahnungen beginnt mit der Aufforderung, allezeit fröhlich und in allen Lebenslagen dankbar zu sein, unaufhörlich zu beten, also den Kontakt mit dem Gott des Friedens nicht abbrechen zu lassen, dem Geist Gottes mehr zuzutrauen als dem herrschenden Zeitgeist. Alle diese Mahnungen haben seelsorgerischen Charakter. Sie wollen uns dessen versichern, dass Gott auf unserer Seite steht, egal wo wir stehen. Gottes Kinder dürfen wissen, dass sie durch Christus erlöst und selig gesprochen sind, und zwar bedingungslos. So betrachtet dürfen wir aufhören, uns ständig selbst rechtfertigen zu müssen. Wir sind gerechtfertigt durch Gottes Gnade. Wir sind heilig- und selig gesprochen. Dazu bedarf es keiner päpstlichen Zeremonie. Heilig- und Seligsprechungen sind Gottes, nicht der Menschen Sache.

Damit hat die Kirche den Rücken frei für die Gottes- und die Nächstenliebe, die der alleinige Maßstab einer christlichen Ethik sind. Wer Gott liebt, wird auch seinen Nächsten lieben. Da die Liebe Gottes keine romantische, auch keine platonische Liebe ist, sondern eine Liebe, die nach Gerechtigkeit, Barmherzigkeit und Menschenfreundlichkeit trachtet, muss auch unsere Nächstenliebe der Liebe Gottes entsprechen. Und weil die Liebe Gottes in Jesus Christus unscheinbar klein in der Krippe zu Bethlehem ihren Anfang nahm, darf auch unsere christliche Nächsten- und Feindesliebe im Kleinen beginnen. Gott verlangt nicht, dass wir die ganze Menschheit als solche lieben sollen. Es wäre schon viel erreicht, würden wir die lieben, mit denen wir es täglich zu tun haben. Du sollst deinen Nächsten lieben wie dich selbst! Wer sich selbst nicht liebt, kann auch den Nächsten nicht lieben! Den Nächsten lieben kann heißen: Ihm geduldig zuhören. Ihn zu verstehen suchen! Ihm den Wunsch von den Augen abzulesen! Einen menschenwürdigen Umgang mit ihm pflegen, auch wenn der Haussegen zuweilen schief hängt. Verzeihen ist Ausdruck der Liebe. Jemand Gerechtigkeit widerfahren zu lassen, ist ein konkreter Liebeserweis. Einander nicht nur in guten, sondern auch in bösen Zeiten annehmen, ist gelebte Liebe. Und: „Wo die Liebe wohnt und Güte, da ist unser Gott." Wo aber Gott in uns und um uns ist, da wird es mit der Orientierungslosigkeit ein Ende haben.

19.

WOHER KOMMT DAS BÖSE? [23]

(Karl Besemer)

In den letzten Jahren erschienen Bücher und wurden Umfragen angestellt zu der Frage, warum Menschen immer noch in der Kirche bleiben und sich Christen nennen. Prominente Glieder der Gesellschaft, Dichter und Denker, Politiker und Theologen, Hausfrauen und Konfirmanden äußerten dazu ihre Meinung. Wie hätten Sie, verehrte Leserinnen und Leser, reagiert, wäre die Frage Ihnen selbst gestellt worden? Weil das Böse in der Welt sich immer noch wie Unkraut vermehrt, ist die Frage nach seiner Herkunft so aktuell wie eh und je. Auch die Frage will beantwortet sein, warum Gott es zulässt, dass Kinder entführt, Frauen geschändet, Sparkassen geplündert, Häuser angezündet und Terrorakte rund um den Erdball verübt werden.

Schon die Urchristen waren zutiefst darüber erschrocken, dass das Böse auch auf dem Acker Gottes, der Gemeinde Jesu Christi, Eingang findet. Wie kommt es, fragten sie sich, dass der Teufel auch in Gottes Kinder fährt, die doch mit jedem Vaterunser den himmlischen Vater bitten, er möge sie von dem Bösen erlösen! Eine schnelle und allseits zufriedenstellende Antwort gibt es dar-

---

[23] Predigt Martinskirche Kornwestheim

auf nicht. Dennoch ist die Antwort Jesu bedenkenswert, die er in Matthäus 13,24-30 gibt:

„Jesus erzählte seinen Jüngern ein anderes Gleichnis: 'Wenn Gott sein Werk vollendet, handelt er wie ein Mann, der guten Samen auf sein Feld gesät hatte. Eines Nachts, als alles schlief, kam sein Feind, säte Unkraut zwischen den Weizen und verschwand. Als nun der Weizen wuchs und Ähren ansetzte, schoss auch das Unkraut auf. Da gingen die Arbeiter zum Gutsherrn und fragten: 'Herr, du hast doch guten Samen auf deinen Acker gesät, woher kommt das Unkraut?' Der Gutsherr antwortete ihnen: 'Das muss einer getan haben, der mir schaden will.' Die Arbeiter fragten: 'Sollen wir hingehen und das Unkraut ausreißen?' 'Nein', sagte der Herr, 'sonst könntet ihr aus Versehen den Weizen mit ausreißen. Lasst beides bis zur Ernte wachsen. Wenn es soweit ist, will ich den Erntearbeitern sagen: Sammelt zuerst das Unkraut auf und bündelt es, damit es verbrannt wird. Dann schafft den Weizen in meine Scheune.'"

Woher das Böse kommt, ist die eine, und ob es jemals ausgerottet werden kann, ist die andere Frage. Bereits in alttestamentlicher Zeit wurde der Versuch unternommen, Gottes Volk dadurch vom Bösen rein zu erhalten, indem man versuchte, die 'Unreinen' von den 'Reinen' zu trennen. Es entstanden Reinheitsvorschriften, die uns heute äußerst befremdlich anmuten. Da gibt es zum Beispiel ein Reinigungsgebot für menstruierende und gebärende Frauen, als ob es eine 'unreine' Angelegenheit sei, Kinder zu gebären.

Im Urchristentum entstanden erste Formen einer sogenannten Kirchenzucht, die sich im Mittelalter zu inquisitorischen und drakonischen Maßnahmen entwickelten, so dass Hexen, Ketzer und Häretiker aus der Kirche verbannt beziehungsweise bei lebendigem Leib verbrannt wurden.

Im Zeitalter der Aufklärung begannen die Menschen, das Phänomen des Bösen nicht mehr nur mythologisch und theologisch, sondern auch psychologisch, biologisch und ideologisch zu erklären. Dennoch gelang es nicht, das Böse durch Aufklärung aus der Welt zu schaffen. Goethe sagt in seinem Faust trefflich: „Den Bösen sind sie los, die Bösen sind geblieben."

Wenn Jesus das Himmelreich mit einem Acker vergleicht, auf dem ein Bauer guten Samen säte, entgegnet er damit jener häufig gegenüber Gott erhobenen Anklage, warum er das Böse zulasse, wenn er doch allmächtig sei. Jesus, der selbst am Kreuz die Gottverlassenheit hat erleiden müssen, lehnt den Gedanken strikt ab, Gott das Böse in der Welt anlasten zu wollen. Bereits im Schöpfungsbericht steht geschrieben: „Gott sah an alles, was er gemacht hatte, und siehe, es war sehr gut." Das Böse hat seine Ursache nicht in Gott. Ähnlich argumentiert Jesus im Gleichnis: Die Saat Gottes ist gut.

Die Bibel lässt keinen Zweifel daran, dass alles Gute von Gott kommt. Woher aber kommt dann das Böse?

Die Psychoanalytiker gehen davon aus, dass es frühkindliche Verletzungen seien, die dem Leben Schaden zugefügt haben. Die Soziologen neigen dazu, die Ursache des Bösen in den ungerechten Strukturen der Gesellschaft zu erkennen. Die Theologen beharren darauf, das Böse im Zusammenhang mit der Lehre von der Erbsünde zu betrachten. Manche Philosophen glauben, das Böse habe seinen Sitz nicht irgendwo, in Moskau, Bagdad oder sonst wo, sondern im Menschen selbst. Da dieser ein geistiges Wesen sei, könne allein er sich bemühen, Böses in sich immer wieder zu überwinden.

So bedenkenswert diese Antworten auch sind, so sind sie doch nicht einhellig und für jeden Menschen einleuchtend. Jesus selbst ist mit seiner Antwort auf die Frage, woher das Böse kommt, äußerst zurückhaltend. Er sagt lediglich, dass es sich dabei um eine antigöttliche, menschenfeindliche Macht handelt, die im Dunkeln ihr Unwesen treibt. „Es geschah aber des Nachts, als die Menschen schliefen, da säte der Feind heimlich „Zizania", auf den Acker." Zizania ist ein giftiges Unkraut, das sich anfänglich vom Weizen kaum unterscheidet. Später jedoch, wenn der Weizen Ähren ansetzt, ist der Unterschied zwischen ihm und dem Unkraut leicht erkennbar. An den Früchten lässt sich sowohl das Gute als auch das Böse erkennen. Gut ist, was zum Leben verhilft. Böse ist, was Leben schändet und vernichtet.

Wichtiger als die Frage, woher das Böse kommt, scheint die Kunst zu sein, Gutes und Böses voneinander zu unterscheiden. Dies ist deshalb so schwierig, weil das Böse es meisterhaft versteht, sich zu tarnen. Als Hitler 1933 an die Macht kam, versprach er dem deutschen Volk ein Tausendjähriges Friedensreich. In seinen Reden zitierte er immer wieder den 'Allmächtigen' und beschwor die „Vorsehung", die ihn zum Führer und Retter Deutschlands berufen habe. Ich selbst erlebte es, wie nach der 'Machtergreifung' SA-Männer scharenweise in die Gottesdienste strömten, um dem Kirchenvolk gegenüber zu demonstrieren, dass Hitler ein 'positives' Christentum vertrete. Ohne diese boshafte Propaganda zu durchschauen, glaubten Millionen Menschen, die politischen Ziele des Führers seien mit den Aussagen des christlichen Glauben durchaus vereinbar. Doch schon wenige Wochen nach seinem Regierungsantritt gab er in einem vertraulichen Gespräch mit Parteigenossen sein wahres Gesicht zu erkennen, indem er sagte, „dass Kirchen und Konfessionen im Deutschen Reich keine Zukunft haben. Es wird mich niemand davon abhalten, das Christentum mit Stumpf und Stil auszurotten. Man ist entweder Christ oder Deutscher. Beides kann man nicht sein."

Wenn das Böse so offenkundig wird wie die Barbarei im Nazireich, stellt sich die Frage, was dagegen getan werden muss. Viele Christen meinten damals, es sei gar nichts zu tun, und das nicht nur, weil es lebensgefährlich war, gegen Hitler zu sein, sondern auch, weil man glaubte, jede Obrigkeit - auch die nationalsozialistische - sei von Gott eingesetzt. Es waren nur wenige Männer und Frauen, die im Verborgenen den Widerstand gegen Hitler organisierten, um den Diktator zu stürzen und um weiteres Unheil vom Volk abzuwenden. Dietrich Bohnhoeffer, der sich der Widerstandsbewegung anschloss, wusste wohl, dass vor Gott beides Sünde ist: sowohl das Schweigen zum Unrecht als auch der Aufruf zum Tyrannenmord. Dennoch bekannte er sich zu dem „kleineren" Übel. Seine Mahnung, Christen seien in der Nachfolge Jesu sowohl zum 'Widerstand' als auch zur 'Ergebung' aufgerufen, findet sich auch in unserem Gleichnis.

Auf die Frage der Arbeiter, ob sie das Böse mit Stumpf und Stil ausrotten sollen, antwortete Jesus mit einem eindeutigen: „Nein, auf gar keinen Fall!" Warum nicht? - Deshalb nicht, weil dabei die Gefahr besteht, nicht nur das Unkraut, sondern auch den Weizen mit auszureißen.

Was soll dann getan werden? Jesu Antwort lautet: Lasst beides, Weizen und Unkraut, miteinander wachsen bis zur Ernte. Dann werde ich den Knechten befehlen, das Unkraut zu bündeln und es zu verbrennen. Die Bibel verwendet die Ernte als ein Bild für das kommende Gericht Gottes, an dem das Böse endgültig vernichtet werden wird. Soll das nun heißen, dass wir bis zum Jüngsten Tag tatenlos zusehen sollen, wie das Böse in der Welt um sich greift? Keineswegs! Gegen das Böse muss schon jetzt und heute eingeschritten werden. Allerdings nicht mit Gewalt! Wie aber dann?

Biblisch betrachtet gibt es nur zwei Möglichkeiten, dem Bösen Widerstand zu leisten. Zum einen muss das Böse zuerst in einem selbst erkannt und bekämpft werden. Immer nur vor fremden Haustüren kehren zu wollen, nützt nichts. Immer nur den Splitter in des Bruders Auge zu sehen, nicht aber den Balken im eigenen, schafft das Böse auch nicht aus der Welt. Erst wenn ich selbst nicht mehr böse bin, werden andere von mir nichts mehr zu befürchten haben.

Bleibt noch die Frage, wie ich mich selbst zu verhalten habe, wenn andere mir Böses zufügen? Auch dazu hat sich Jesus unmissverständlich geäußert. „Vergeltet nicht Böses mit Bösem, sondern überwindet das Böse mit Gutem!" So unrealistisch uns dieses Jesuswort auf den ersten Blick auch erscheinen mag, so ist es doch voller Wahrheit. Wie die Geschichte lehrt, lässt sich Böses nicht mit Bösem vertreiben. Man kann es zwar eine Weile unterdrücken, aber damit ist es noch lange nicht aus der Welt geschafft. Letztlich gibt es nur den Weg der Liebe, die nicht zurückschlägt, wenn sie geschlagen wird. Diesen Weg ist Jesus gegangen. Dafür musste er sein Leben hingeben. Christen und Pazifisten haben Recht, wenn sie die Friedfertigkeit mit der Einsicht Jesu begründen, dass gewaltloser Widerstand das einzige ist, woran das Böse sich früher oder später totlaufen wird. Am Ende wird das Gute und nicht das Böse den Sieg davon tragen.

20.

STEHT UNS EIN WELTUNTERGANG BEVOR? [24]

(Karl Besemer)

Es geht um die Frage, ob wir vor einem Weltuntergang stehen, oder ob er noch verhindert werden kann.

Der verstorbene Schriftsteller Friedrich Dürrenmatt, der sich eingehend mit den Problemen der Moderne und Postmoderne befasste, war davon überzeugt, dass der Untergang der Menschheit unabwendbar sei, weil die Weichen für die Zukunft falsch gestellt worden seien. In seiner Erzählung der „Tunnel" vergleicht er die auf uns zukommende Katastrophe mit einem Schnellzug, der in einen nicht mehr enden wollenden Tunnel rast. Während die Fahrgäste ahnungslos Zeitungen und Bücher lesen, schreckt ein das Unheil ahnender Student auf. Er zieht die Notbremse, doch diese versagt den Dienst. Er eilt zum Lockführer, um ihn auf das drohende Unheil aufmerksam zu machen, doch die Führerkabine ist menschenleer. Steuerlos rast der Schnellzug ins Unglück.

Man mag über die Zukunft denken was und wie man will, ein ungutes Gefühl haben wir allemal dabei. Denn da ist niemand, der mit sicherer Hand das immer komplizierter werdende Raumschiff Erde in die Zukunft steuern kann. Doch einmal vom großen Weltuntergang abgesehen, gibt es ja auch noch die kleinen

---

[24] Predigt in der Paul Gerhardt Kirche, Ludwigsburg

Weltuntergänge. Da ist der Tod eines geliebten Menschen, der die mühsam miteinander aufgebaute Welt jäh hat zusammenbrechen lassen. Da sind unlösbare Partnerschafts- und Beziehungsprobleme, die den Traum vom erhofften Paradies in der Ehe zunichte gemacht haben. Da sind die gegenseitig erhobenen Schuldzuweisungen und Schuldgefühle, die das Leben unerträglich machen.

Die Frage, ob es in solchen „Weltuntergangssituationen" dennoch Hoffnung und Zukunft gibt, ist das Thema des Predigttextes. In Jesaja 29,17-24 ruft ein uns unbekannter Prophet das niedergeschlagene Volk Gottes auf, die Hoffnung nicht wegzuwerfen, den Glauben an die Liebe Gottes nicht aufzugeben.

„Wohlan, es ist nur noch eine kleine Weile, und der Libanon soll wieder fruchtbares Land werden, und was jetzt fruchtbares Land ist, soll ein üppiger Wald werden. Wenn dies geschieht, werden die Tauben die Worte des Buches der Heiligen Schrift hören, und die Augen der Blinden werden aus dem Dunkel heraus die Worte der Heiligen Schrift hören, und die Augen der Blinden werden aus dem Dunkel heraus sehen. Und die ihren Mut und ihr Gottvertrauen nicht verloren haben, werden wieder Freude haben an ihrem Gott, und die Ärmsten unter den Armen werden jubeln über den heiligen Gott Israels. Denn es wird ein Ende haben mit den Tyrannen, und die Spötter werden verschwunden sein. Aus-

gerottet sind sie alle, die auf Bosheit sannen: die mit ihren Worten andere der Verbrechen schuldig sprechen, und die dem Richter am Tor Schlingen legen und die denjenigen, der Recht hat, durch nichtige Gründe ins Unrecht setzen.

Denn so spricht der HERR, der Abraham erlöste, der Gott des Hauses Jakob: 'Jakob soll nicht mehr beschämt werden und sein Angesicht soll nicht mehr erblassen, denn er wird sehen das Werk meiner Hände mitten unter sich, und er wird meinen Namen heiligen. Alle werden sie heiligen den heiligen Gott Jakobs und alle werden fürchten den Gott Israels. Dann werden die, die verkehrten Sinnes waren, wieder zur Einsicht kommen, und die murrten, werden sich belehren lassen.'"

Etwas ratlos stehe ich der Botschaft vom kommenden Reich Gottes gegenüber. Ist es wirklich wahr, frage ich mich, dass es nur noch eine kleine Weile sein wird, bis Gott in die verfahrene Weltgeschichte eingreifen und paradiesische Verhältnisse schaffen wird: auf dem Libanon, in Israel, in Palästina, in Afghanistan, im Irak und anderswo? Spricht nicht alles dagegen, was wir erleben und erleiden? Ist es wirklich wahr, dass uns eine Zeit bevorsteht, in der die Tauben wieder Gottes Wort hören, die Blinden die großen Taten Gottes rühmen und die Tyrannen von der Bildfläche der Geschichte verschwinden werden? Ist es wahr, dass eine Zeit in Bälde kommen wird, in der sich Recht und Gerechtigkeit auf unserem geschundenen Planeten durchsetzen werden?

Während der Prophet seine Vision vom kommenden Friedensreich ins Volk hinein ruft, wird in Europa darüber gestritten, ob es nicht an der Zeit sei, den Namen Gottes aus der demokratischen Verfassung der Europäischen Union zu streichen. Aber eben darum geht es dem Propheten, den erlöschenden Glauben wieder neu zu entfachen; die Hoffnung der Niedergeschlagenen zu stärken; taub gewordene Ohren für die Botschaft der Liebe zu öffnen. Der Gott Abrahams, Jakobs und Israels ist kein Tyrann. Sein Heilsplan besteht darin, den Tyrannen das Handwerk zu legen.

Wie soll es geschehen? Schlägt man das Buch der Weltgeschichte auf, treten einem die Tyrannen und Diktatoren scharenweise entgegen. Da ist der ägyptische Pharao, jener Sklavenschinder der hebräischen Fronarbeiter. Da ist Herodes der Große, der Kindermörder von Bethlehem. Da sind Nero und Diokletian, zwei fanatische Christenverfolger. Da ist Adolf Hitler, der Judenmörder, Joseph Stalin, der skrupellose Menschenschlächter der Sowjetunion. Da ist Milosevic, das Schreckgespenst der Albaner und Kosowaren, Saddam Hussein, der gnadenlose Tyrann des Irak,

Bin Laden, der Drahtzieher des internationalen Terrorismus und viele andere mehr.

Solchen Menschenschindern will der Gott Abrahams, Jakobs und Israels ein Ende bereiten. Auch wenn davon noch wenig zu sehen ist, gilt es doch an dieser Zukunftsvision festzuhalten und für sie einzutreten. Das Ende der Tyrannen muss kommen, wenn endlich Friede auf Erden werden soll.

Das typische Kennzeichen aller Tyrannen und Diktatoren ist der von ihnen erhobene Absolutheitsanspruch, der politisch, ideologisch, aber auch religiös verbrämt sein kann. Jeder Absolutheitsanspruch geht - wie schon der Begriff besagt - davon aus, nur sich selbst und seinesgleichen gelten zu lassen. Solche Einstellungen brachten den Rassismus, den Antisemitismus, den religiös-politischen Fundamentalismus, den Terrorismus und viele andere Unmenschlichkeiten hervor. Die Vision vom kommenden Friedensreich Gottes weist derartige von Menschen erhobene Absolutheitsansprüche zurück.

So weit so gut! Welcher Mensch wollte nicht in einer Welt leben, in der es kein Leid, kein Kriegsgeschrei, keine Attentate, keine Sexualdelikte, keine Kriege mehr gibt. Was aber nützt es, allein die großen Tyrannen vom Thron zu stürzen, wenn die kleinen überleben? Ist es nicht so, dass in uns allen so ein kleiner Tyrann steckt! Jener kleine Gernegroß, der allein das Sagen haben möchte. Jener kleine Pascha, der andere kommandieren und sie nach seiner Pfeife tanzen lassen will. Jede Art von Lieblosigkeit und Rechthaberei ist Tyrannei. Es geht also um die Frage, wie die großen und kleinen Tyrannen gestürzt und entmachtet werden können. Es wird nicht einfach sein, da alle, auch die kleinen Tyrannen, das Feld nicht kampflos räumen werden.

Es ist keine Vertröstung auf den 'St. Nimmerleinstag', wenn der Prophet dem Volk zuruft, dass es nur noch eine kleine Weile währen wird bis die große Wende kommt. Wir Deutsche haben ja ein Lehrbeispiel vor Augen, wie überraschend eine „Wende" kommen kann, jedoch nicht ohne des Menschen Mithilfe. Als im November 1989 die Mauer fiel, die Ost- und Westdeutschland voneinander trennte, ging diesem politischen Ereignis ein jahrelanges Beten und Demonstrieren für den Frieden voraus. Nicht ein einziger Schuss musste fallen, um das diktatorische Regime der DDR zum Einsturz zu bringen. Gewaltlosigkeit ist der beste Weg zum Frieden.

Weil wir es immer wieder vergessen, dass die Welt weder mit Ross und Wagen noch mit Raketen und Granaten zu retten ist, erinnert der Prophet daran, dass alles seine Zeit braucht, auch das

Reich des Friedens. Es dauert nur noch eine Weile und der Hunger nach Gottes Wort wird kommen; ein Hunger nach unaufhörlicher Liebe und Gerechtigkeit, ohne die der Mensch nicht glücklich sein kann.

Wo der Hunger nach Gottes Liebe erwacht, werden die Augen der Blinden ebenso aufgehen wie die Ohren der Tauben. Wenn solches geschieht, wird ein Ruck durch die Gesellschaft gehen, wird das Leben wieder lebenswert werden. Dürrenmatt beschließt seine Erzählung vom „Tunnel" mit jenem hoffnungsvollen Gedanken, dass selbst dann, wenn der rasende Zug der Menschheit in den Abgrund stürzt, wir dennoch in Gottes Hand fallen werden. - „Darum fürchten wir uns nicht, wenngleich die Welt unterginge!"

21.

SUCHE GOTT,

ABER NICHT DORT, WO DU IHN SUCHST! [25]

(Karl Besemer)

Es geht um zwei Fragen. Zum einen: Warum lehnte die Mehrheit des jüdischen Volkes Jesus von Nazareth ab? „Er kam in sein Eigentum", sagt der Evangelist Johannes, „und die Seinen nahmen ihn nicht auf." Eingeladen waren sie alle: Schriftgelehrte und Ungelehrte, Rechtgläubige und Kleingläubige, solche, die in Palästen wohnen und andere, die an Hecken und Zäunen stehen. Wie ein Lauffeuer verbreitete sich die Nachricht im Land, dass Jesus gesagt habe, er werde an jeder Tür anklopfen; und wer sie auftue, bei dem werde er einkehren und das Abendmahl mit ihm halten. Was eigentlich hatten die Juden damals an der Botschaft Jesu auszusetzen? Das war die eine Frage.

Die andere geht uns direkt, vielleicht auch persönlich an: Woher rührt es, dass der Hunger nach Gottes Wort im Lande der Reformation so sehr nachgelassen hat. Weit mehr als neunzig Prozent der Bevölkerung bleiben zu Hause, wenn sonntags die Kirchenglocken läuten. Ist es die Botschaft der Bibel, die man nicht mehr hören will, oder sind es die Botschafter, die es nicht mehr verstehen, die Menschen zu begeistern? Wurde der Prozess der

---

[25] Predigt in der Wolfgangkirche in Ludwigsburg-Hoheneck

Entkirchlichung deshalb in Gang gebracht, weil in der Kirche eine Sprache gesprochen wird, die das Volk nicht mehr versteht? Oder ist es am Ende weniger ein Sprachproblem, als vielmehr ein Kommunikationsproblem. Der moderne, aufgeklärte Mensch betrachtet die Religion weithin als Privatsache, die jeder für sich im stillen Kämmerlein auszumachen habe. Es gibt unzählige Menschen, die durchaus religiös sind, die dazu aber weder einer Kirche noch eines Pfarrers, weder einer Liturgie noch einer Theologie bedürfen.

Vielleicht aber sind das alles nur an den Haaren herbeigezogene Argumente, womit man versucht, die zunehmende Entkirchlichung unserer Zeit zu erklären. Vielleicht - und es gibt viele Anzeichen dafür - sind die Menschen durchaus an dem interessiert, was in der Bibel geschrieben steht, es aber im Alltag nicht mehr ins Leben umzusetzen vermögen. Der Predigttext aus 1. Johannes 5,39-44 greift eben diese Frage auf. Damit sie den Text besser verstehen, übertrage ich ihn in ein verstehbares Deutsch:

„Ihr sucht und forscht in der Schrift, weil ihr meint, sinnvolles und ewiges Leben darin für euch zu finden; und sie ist es, die von mir zeugt, der ich das Leben bin. Dennoch wollt ihr nicht zu mir kommen, dass ihr das Leben von mir empfangt. Ihr lehnt mich doch nur deshalb ab, weil ich nicht Ehre und Anerkennung

seitens der Menschen suche, mich auch nicht auf menschliche Autoritäten berufe, sondern allein auf Gottes Liebe. Ich kenne euch durch und durch und weiß, dass Gottes Liebe nicht in euch ist, weil ich nicht in meinem Namen, sondern in dem meines himmlischen Vaters zu euch komme, darum nehmt ihr mich nicht an. Kommt aber ein anderer in seinem eigenen Namen zu euch, den werdet ihr annehmen. Wie könnt ihr aber an Gott glauben, wenn ihr stets darauf bedacht seid, Ehre und Anerkennung voneinander zu nehmen, aber die Ehre und Anerkennung, die Gott euch zuteil werden lassen möchte, die sucht ihr nicht."

Um nicht das Kind mit dem Bad auszuschütten, sei vorweg darauf hingewiesen, dass alle Menschen so etwas wie eine religiöse Veranlagung in sich haben. Menschen, die über sich hinausdenken und Fragen nach dem Woher und Wohin des Lebens stellen, sind durchaus religiös. So betrachtet sind alle Menschen religiös, weil alle auf der Suche nach dem wahren Leben sind.

Ernesto Cardenal beschreibt in seinem Buch über die Liebe die Ursehnsucht der Menschen mit den Worten: *„In den Augen aller Menschen wohnt eine unstillbare Sehnsucht, in den Pupillen der Menschen aller Rassen, in den Blicken der Kinder und Greise, der Mütter und liebenden Frauen, in den Augen des Polizisten und des Angestellten, des Abenteurers und des Mörders, des Re-*

volutionärs und des Diktators und in den des Heiligen: in allen

wohnt der gleiche Funke unstillbaren Verlangens, das gleiche

heimliche Feuer, der gleiche tiefe Abgrund, der gleiche unendli-

che Durst nach Glück und Freude und Besitz ohne Ende. Dieser

Durst, den alle Wesen spüren, ist die Liebe zu Gott.

Um dieser Liebe willen werden alle Verbrechen begangen und

alle Kriege gekämpft, ihretwegen lieben und hassen sich die

Menschen. Um dieser Liebe willen werden Berge bestiegen und

die Tiefen der Meere erforscht. (...). Alles menschliche Tun - so-

gar die Sünde - ist eine Suche nach Gott. "

Die Sehnsucht nach Liebe ohne Ende verbindet die Menschen aller Rassen, Religionen und Konfessionen. Im Grunde genommen
wollen sie alle dasselbe, egal welcher Kirche und Religion sie angehören: Sie wollen eine Liebe und ein Leben, das nicht in die
Brüche geht. In der Sehnsucht nach gelingendem Leben und unaufhörlicher Liebe sind alle Menschen miteinander verbunden.

Und dennoch gibt es trennende Unterschiede. Diese kommen besonders dann zu Tag, wenn es um die Frage geht, wo dieses Leben zu haben ist. Ernesto Cardenal sagt zutreffend, dass zwar alles menschliche Tun im Grunde genommen eine Suche nach Gott
sei, dass man ihn aber meistens dort suche, wo er nicht zu finden

sei. Auch der Kirchenvater Augustin sagte es so: „Suche, was du suchst, aber nicht dort, wo du es suchst!"

Wo ist das vollkommene Leben zu suchen? Wo kann es gefunden werden? Von Jesus stammt das Wort: „Bittet, so wird euch gegeben. Suchet, so werdet ihr finden. Klopfet an, so wird euch aufgetan." Es ist ein uralter Streit, an welcher Tür anzuklopfen sei, um ins ewige Leben zu gelangen. In aller Regel müssen Menschen durch vielerlei Vorzimmer gehen, um zum Chef zu gelangen. Die jüdischen Schriftgelehrten waren davon überzeugt, dass ein frommer Jude an der Tür des Mose anklopfen müsse, um Einlass bei Gott zu finden. Für fromme Katholiken ist es der Papst, der mit seinem Anspruch auf Unfehlbarkeit den Menschen sagt, was sie zu glauben und zu tun haben, um ins Himmelreich zu kommen. Die Protestanten berufen sich auf Martin Luther, den reformatorischen Statthalter Gottes, der wie Paulus lehrt, dass der Mensch in einer unmittelbaren Beziehung zu Gott stehe, weshalb er weder menschlicher Fürsprecher noch Heiliger bedürfe, die ihn vor Gottes Thron vertreten.

Was sagt Jesus von Nazareth, Gottes Sohn? Wer die Bergpredigt liest, erfährt, dass Jesus allen menschlichen Autoritäten und Institutionen das Recht auf Unfehlbarkeit abgesprochen hat. Auch steht es nicht in unserer Hand, die Türen zu Gott bei anderen

Menschen aufzutun. Die Türen zum Reich Gottes gehen von innen nach außen auf. Sie können nicht von anderen geöffnet werden. Jeder muss es selbst für sich tun. Auch kirchliche Autoritäten vermögen es nicht, anderer Leute Türen zur Erkenntnis der Wahrheit zu öffnen. Wir können und müssen die Botschaft zwar sagen und bitten, die Botschaft anzunehmen, ob es aber geschieht, steht nicht in unsrer Macht. Wenn aber die Tür aufgeht, so ist dies ein Wunder des Heiligen Geistes. Ist die Tür aber aufgegangen, dann beginnt die große Freiheit eines Christenmenschen.

Unserem Predigttext geht ein anschauliches Beispiel voraus, an dem die herrliche Freiheit der Kinder Gottes abgelesen werden kann: - Es geschah an einem Sabbat, jenem von Gott verordneten Ruhetag, an dem nach jüdischer Tradition keinerlei Arbeit verrichtet werden durfte. Da zog ein über Vierzigjähriger, eine Matratze auf dem Rücken tragend, durch die Gassen Jerusalems. Männer der Tempelpolizei beobachteten ihn und stellten ihn zur Rede: „Was tust du da mit dem Bett auf dem Rücken am heiligen Sabbat?"

„Weißt du nicht, dass jede Arbeit an diesem heiligen Tag verboten ist?"

„Ich tue es nicht von mir aus," antwortete der Geheilte.

„Ich war schwer krank und bin heute wie durch ein Wunder geheilt worden. Der Heiler sagte mir, ich soll mein Bett nehmen und
nach Hause gehen."

„Wer ist der Sabbatschänder, der dies gebot?"

„Wie heißt der Mann?"

„Ich weiß es nicht!"

„Ist das alles, was du über ihn weißt?"

„Nein!" gab er zur Antwort:

„Sprich, erzähle, was ist passiert!" -

Der Geheilte begann zu erzählen:

„Ich lag 39 Jahr lang schwerkrank am Teich Bethesda, im Siechenhaus. Kein Mensch kümmerte sich um mich. Es war das
reinste Irrenhaus, dieses Spital. Jeder kümmerte sich nur um sich
selbst. Niemand besuchte mich, auch nicht die Schriftgelehrten,
auch nicht die Pharisäer, die doch immer so fromm tun. Heute
Morgen aber kam ein fremder Mann. Er setzte sich zu mir ans
Krankenlager. Aufmerksam hörte er sich meine Leidensgeschich-
te an. Verständnisvoll nickte er immer wieder, als ich ihm meine
Einsamkeit klagte. Seine gütigen Augen leuchteten wie Sonnenstrahlen in meine dunkle Seele. Schließlich umarmte er mich und
fragte, ob ich gesund werden möchte.

„Ja freilich!" sagte ich.

„Aber wie denn?" -

Da legte er mir die Hand aufs Haupt. Wie gut es mir tat, endlich einem Menschen begegnet zu sein, der es herzlich gut mit mir meinte.

Und dann geschah das Wunder. Er sprach zu mir:

„Steh auf, nimm dein Bett und gehe' heim!"

Ich stand auf und konnte - wie durch ein Wunder - nach Jahrzehnten wieder gehen, etwas mühsam zuerst, aber es ging.

Als wenig später die Schriftengelehrten erfuhren, dass der Heiler Jesus war, murrten sie.

„Hol ihn der Teufel!" riefen sie.

„Wer am Sabbat heilt und Menschen auffordert, das Sabbatgebot zu übertreten, der sei verflucht!"

„ Der Mann ist des Todes!" lautete ihr Urteil.

Die Geschichte zeigt, wie unterschiedlich und gegensätzlich Gottes Wort von Menschen ausgelegt und verstanden wird. Da ist der Geheilte, der das Heil preist, das ihm widerfuhr. Da sind die Gesetzesfanatiker, für die der Buchstabe des Gesetzes und die Vorschriften der Tradition das A und O der Religion sind. Obwohl sie genau wussten, dass Morden und Töten dem Willen Gottes widerspricht, töteten sie den, der in die Welt kam, das Gesetz durch Gottes- und Nächstenliebe zu erfüllen.

Wer von der Liebe Gottes erfüllt ist, kann kein Gesetzesfanatiker mehr sein, dem der Buchstabe des Gesetzes mehr gilt als geschenktes und heiles Leben. Wo die Liebe konkret wird, da wird Gottes Gebot erfüllt. Wer Gott erfahren will, muss ihn in der Liebe suchen. Dort wird er ihn finden. Ein Gesang aus Taizé bringt die Botschaft Jesu treffend auf den Punkt: „Ubi caritas et amor, ibi Deus est!" „Wo die Liebe wohnt und Güte, da ist unser Gott!" Dort musst du suchen, dann wirst du ihn finden.

22.

WER IST MEIN BRUDER? [26]

(Karl Besemer)

Die „Woche der Brüderlichkeit" beginnt jährlich am Sonntag Invokavit, am 1. Sonntag in der Passionszeit. Sie ist ein willkommener Anlass, einmal darüber nachzudenken, wie es mit der Brüderlichkeit und Schwesterlichkeit unter uns bestellt ist. Es sind nicht nur die Kirchen, die zur Brüderlichkeit aufrufen, auch die Kinder der Welt tun es. In seinem Schauspiel „Wilhelm Tell" lässt Schiller die von ausländischen Tyrannen gequälten Eidgenossen den bekannten Rütli-Schwur sprechen:

„Wir wollen sein ein einzig Volk von Brüdern,

in keiner Not uns trennen und Gefahr.

Wir wollen frei sein, wie die Väter waren,

eher den Tod, als in der Knechtschaft leben.

Wir wollen trauen auf den höchsten Gott

und uns nicht fürchten vor der Macht der Menschen."

Im Verlauf der Französischen Revolution, die das politische Gesicht Europas grundlegend veränderte, entstand das Schlagwort, das heute noch an öffentlichen Gebäuden Frankreichs zu lesen ist: „Freiheit, Gleichheit, Brüderlichkeit."

---

[26] Predigt zur „Woche der Brüderlichkeit" in Ludwigsburg-Hoheneck

Auch die deutsche Nationalhymne enthält den Aufruf zur Brüderlichkeit:

"Einigkeit und Recht und Freiheit

für das deutsche Vaterland!

Danach lasst uns alle streben

brüderlich mit Herz und Hand!"

Was ist unter „Brüderlichkeit" zu verstehen? Zunächst fällt auf, dass die deutsche Sprache bislang nur den Begriff „Brüderlichkeit", nicht aber den der „Schwesterlichkeit" kannte. Der deutsche Volksmund redet fast ausschließlich von Brüdern, selten jedoch von Schwestern, einmal abgesehen von den Bet- und Krankenschwestern. Bezeichnungen wie Bundesbrüder, Glaubensbrüder, Sangesbrüder, Saufbrüder und andere Brüder verdanken sich offensichtlich dem Denken einer typischen Männergesellschaft, in der die Frauen abseits standen. Erst in jüngster Zeit begann „man" auch „frau" zu sagen; ein Erfolg emanzipatorischer Frauenbewegung, der sich inzwischen bis hinein in die Diktion der Predigten niedergeschlagen hat. Die „Woche der Brüderlichkeit" schließt heutzutage auch die „Schwesterlichkeit" mit ein, was sich im Ablauf des Kirchenjahres darin zeigt, dass der "Weltgebetstag der Frauen" der „Woche der Brüderlichkeit" vorgeordnet ist.

Im Unterschied zu der kirchlichen „Woche der Brüderlichkeit" waren weltliche Aufrufe, besonders in Zeiten der Not und Gefahr, fast ausschließlich völkisch und national bestimmt. In der globalisierten Welt jedoch, in der wir alle in einem Boot sitzen, hat sich der Horizont der Menschen geweitet, und das solidarische Bewusstsein reicht über die Landesgrenzen hinaus.

Wie biblisch begründete Brüderlichkeit und Schwesterlichkeit zu verstehen sind, zeigt uns das Wort Jesu aus Matthäus 23,8-11:

> *„Ihr, die ihr meine Jünger seid, sollt euch*
> *nicht Rabbi nennen lassen; denn ihr seid*
> *alle Brüder. Ihr sollt euch auch nicht Vater*
> *nennen lassen auf Erden; denn einer ist euer*
> *Vater, der im Himmel ist. Und ihr sollt euch*
> *nicht Lehrer nennen lassen, denn einer ist euer*
> *Lehrer, Christus. "*

Schon auf den ersten Blick ist erkennbar, dass das biblische Verständnis von Bruderschaft und Schwesternschaft nicht identisch ist mit dem, was landläufig unter Bruder und Schwester verstanden wird. Denselben Vater und dieselbe Mutter zu haben, geschwisterlich in einer Familie eingebunden zu sein, einer bestimmten Kultur und Nationalität anzugehören, das empfangene

Erbgut zu bewahren und es an die kommende Generation weiterzugeben, wird von Jesus nicht geleugnet, jedoch in eine andere Dimension erhoben. Nicht die irdischen Väter und Mütter sind als höchste Autoritäten zu betrachten. Nicht die geistlichen Herren dürfen den Anspruch erheben, unfehlbar in Glaubensfragen zu sein. Nicht die Akademiker als Lehrer und Wissenschaftler dürfen sich rühmen, über höhere Gottes- und Welterkenntnis zu verfügen als andere Leute. Alle Autoritäten dieser Welt haben in den Augen Jesu nur relative Bedeutung. Niemand darf sich auf Grund seines Wissens und seiner sozialen Stellung über andere erheben. Erhaben ist Gott allein. Unser Wissen ist Stückwerk. Über vollkommene Weisheit verfügt Gott allein. Das Bruderschaftsmodell Jesu orientiert sich konsequent am Ersten Gebot, das uns jede Art von Vergötzung untersagt.

Die von Jesus geforderte Bruderschaft weist also nicht nur über die Grenzen einer biologisch und völkisch begründeten Bruderschaft hinaus, sondern erinnert zugleich auch daran, dass es in der Nachfolge Jesu keine Rangunterschiede gibt. Vor Gott sind die Großen so wertvoll wie die Kleinen, und die Unteren so wichtig wie die Oberen. Wer Gott zum Vater hat, zählt zum weltweiten Kreis der Familie Gottes, in der Hochmut und Ehrsucht keinen Platz mehr haben.

Wie schwierig es ist, ein solche Bruderschaft konkret einzuüben, zeigte sich bereits in der Urchristenheit. Einen kurzen Einblick in die damalige Situation gewährt uns das 23. Kapitel im Matthäus-Evangelium. Dort knüpft der Evangelist Matthäus an die Zornesrede Jesu an, die er gegen die Schriftgelehrten und Pharisäer, die Feinde der Gemeinde Jesu, hielt. Wer sie aufmerksam liest, erkennt, welche Spannungen es damals in den urchristlichen Gemeinden zwischen Juden und Christen gegeben hatte, und wie schwer es war, die Bruderschaft mit dem damaligen Judentum aufrecht zu erhalten. Noch war die Trennung zwischen Judentum und Christentum nicht vollzogen. Noch gab es keinen eigenständigen „christlichen" Gottesdienste. Noch versammelten sich die Christen - wie einst Jesus - im Tempel zu Jerusalem und in den Synagogen. Die Schriftgelehrten aber und die Pharisäer, die damals auf dem Stuhl Moses saßen, um sozusagen „ex cathedra" den Willen Gottes zu lehren, handelten selbst nicht nach dem, was sie predigten. Sie lehrten zwar, alle Menschen seien nach Gottes Ebenbild geschaffen, bildeten sich aber ein, größer und bedeutungsvoller zu sein als andere. Sie predigten Demut, waren aber selbst dem Hochmut verfallen. Sie sprachen von der Sanftmut Gottes, legten aber den Frommen schwere Bürden auf. Sie forderten, das Gesetz Moses und das der Tradition auf Punkt und Komma einzuhalten, siebten aber selbst Mücken aus und verschluckten Kamele, wie es Jesus drastisch zu formuliere pflegte.

Weder Jesus noch der Evangelist Matthäus nahmen das anstößige Verhalten der Schriftgelehrten und Pharisäer zum Anlass, den nichtchristlichen Juden die Bruderschaft aufzukündigen. Der Bruch bahnte sich zwar an, wurde aber erst später vollzogen.

Was besagt der Ausspruch Jesu: „Einer ist euer Meister, ihr aber seid alle Brüder"? - Der Bruderschaftsgedanke Jesu geht davon aus, dass vor Gott alle Menschen gleiches Ansehen und gleiche Würde haben. So betrachtet hat niemand das Recht, sich über andere zu erheben. Oft zeigt sich die Überheblichkeit an der Ehrsucht und Herrschsucht. Wer sich beispielsweise „Rabbi" nennen lässt, beansprucht höherrangig zu sein als andere. Wer sich „Hochwürden" titulieren oder sich gar als „Heiliger Vater" anreden lässt, stellt sich nolens volens über das gemeine Volk. Der geweihte Priesterstand der katholischen Kirche macht die Kleriker zwar nicht zu Übermenschen, hebt sie jedoch in eigenartiger Weise von den Laien ab. Geweihter Priester zu sein bedeutet, über einen „charakter indelebilis", eine unvertilgbare sakralisierte Eigenschaft, zu verfügen, was ihn dem einfachen Volk gegenüber in jedem Fall höherwertig erscheinen lässt.

Die Geistlichen der evangelischen Kirche hingegen werden bei der Ordination nicht geweiht, sondern unter Fürbitte und Handauflegung zum Dienst am Evangelium berufen, wohl wissend, dass es nach dem Zeugnis des Neuen Testament ein „allgemeines" Priestertum gibt. Dieses unterschiedliche Amtsverständnis beider Kirchen signalisiert die Trennlinie, die sich bis in das Kirchen- und Abendmahlsverständnis hinein auch heute noch so negativ auswirkt.

Welche Konsequenzen gilt es aus der von Jesus vertretenen Bruderschaft zu ziehen? Drei Aspekte seien kurz angedeutet:

Zum einen ist daraus zu schließen, dass die Kirche Jesu Christi an keine Autorität gebunden ist, als an Gott allein. Ist Gott aber allein der Vater, dessen Wille geschehen soll im Himmel und auf Erden, dann dürfen weder die Erzväter des Alten Testaments noch die Väter des Glaubens im Neuen Testament, weder die ehrwürdigen Kirchenväter noch der „Heilige Vater" in Rom „göttlich" verehrt werden. Auch wenn es innerhalb der Kirche verschiedene Ämter und Funktionen gibt und geben muss, so ist doch jeder Amtsinhaber und jede Amtsinhaberin dazu angehalten, den andern höher zu achten als sich selbst. Abgötterei - in welcher Form auch immer - darf es in der Kirche nicht geben.

Die andere Konsequenz, die sich aus dem Bruderschaftsdenken Jesu ergibt, besteht darin, kirchlichen Traditionen - so wichtig und notwendig sie auch sein mögen - keinerlei Heilsnotwendigkeit beizumessen. Das Heil kommt allein von Gott. Traditionen haben immer nur relative Bedeutung.

Und die dritte Konsequenz besteht darin, dass die von Jesus geschenkte und geforderte Brüderlichkeit weltweit-ökumenisch sein muss, in der Rasse und Klasse, Herkunft und Aussehen keine Rolle spielen dürfen. Eine brüderlich und schwesterlich ausgerichtete Kirche muss keine perfekte, schon gar nicht eine uniforme Kirche sein. Jeder darf in seiner Art und mit seinen Gaben in ihr wirken, ohne dass dabei der eine sich klüger und der andere sich dümmer vorkommen muss. Da Gott alle Menschen gleicherweise liebt und jeder ihm mit der Gabe dienen darf, die er empfangen hat, steht einer Kirche die Vielfalt der Begabungen besser zu Gesicht, als das Streben nach uniformierter Einheit und geistlicher Uniformität. „Einer ist euer Meister, ihr aber seid alle Brüder!"